信息技术助推会计升华

赵鹏飞 著

浙江工商大学 出版社

ZHEJIANG GONGSHANG UNIVERSITY PRESS

·杭州·

图书在版编目（CIP）数据

信息技术助推会计升华 / 赵鹏飞著. — 杭州 ：浙江工商大学出版社，2022.11
ISBN 978-7-5178-5195-0

Ⅰ．①信… Ⅱ．①赵… Ⅲ．①会计信息－研究 Ⅳ．①F230

中国版本图书馆CIP数据核字(2022)第217236号

信息技术助推会计升华
XINXI JISHU ZHUTUI KUAIJI SHENGHUA
赵鹏飞 著

责任编辑	谭娟娟
封面设计	云水文化
责任校对	韩新严
责任印制	包建辉
出版发行	浙江工商大学出版社
	（杭州市教工路198号　邮政编码310012）
	（E—mail：zjgsupress@163.com）
	（网址：http://www.zjgsupress.com）
	电话：0571-88904980，88831806（传真）
排　　版	杭州彩地电脑图文有限公司
印　　刷	杭州高腾印务有限公司
开　　本	787 mm×1092 mm　1/16
印　　张	12.5
字　　数	184千
版 印 次	2022年11月第1版　2022年11月第1次印刷
书　　号	ISBN 978-7-5178-5195-0
定　　价	49.00元

前　言

　　自 20 世纪 50 年代计算机在会计行业中应用以来，会计行业进入一个快速发展与变革的时期。从那时起，会计、人、信息技术交织在一起，彼此互相影响，从有过联合，有过排斥，到顺应潮流及最后的融合，谱写了一部精彩的会计变革史。同时，现代成本会计、管理会计等理论迈入繁荣发展阶段，但不确定是否与信息技术开始在会计中的应用相关联。信息技术深刻影响了会计，原来"记账、算账、报账"的会计人印象、形象已在职业界被深深改变，也逐步被社会所认知。BBC 基于英国牛津大学 Michael Osborne 和 Carl Frey 的数据体系分析了 365 种职业在未来被淘汰的概率，会计以 97.6% 的概率高居第三位。"会计职业消亡论"在社会中兴起，正说明社会较大程度地认知了信息技术对会计的影响，这无疑给会计学科及会计从业者带来巨大冲击。清华大学于 2020 年取消会计本科专业的招生似乎是一个硬生生的明证。事实上，"会计职业消亡论"绝不是这几年才出现的，早在几十年前的会计电算化阶段就已经开始上演了，大量会计核算岗位的消失就是证据。我们可以在我国企业界做个统计调查，对同样规模的企业对象进行分析，可发现现代企业配置的会计人员数量大概率不到 20 多年前的一半。在"温水煮青蛙"的过程中，我们并没有太在意，只是这几年人工智能技术的发展与应用被社会广泛关注，从而被特别转移到对职业的影响中。信息技术真的会使会计消亡吗？信息技术是如何影响会计的？会计的本质是什么？对这些问题的梳理、思考可以让我们认清会计的未来。信息技术对会计的影响总体而言是赋能，替代和不断迭代会计系统，改变会计人员角色，使程序化、流程化、自动化成为常见的会计用语。信息技术帮助会计人员摆脱了传统会计行业中大量核算与监督工作的束缚，释放了会计人员的时间、精力，使他们的聪明才智有了施展的舞台和机会。会计人员也有了更高的价值追求和实现自我价值的渴望,从而能提升其在社会分工中的职业形象和地位。同时,信息技术推动了会计理论、会计实务、会计教育、会计职业等方面的全面变革与发展,使许多会计领域曾经的梦想在信息技术的赋能下得以成为现实。如今,会计不再只是会计,而是升华了的会计。同时,会计正逐步回归管理角色,走向"艺术性"十足且满怀自豪感和价值创造的新时代。信息技术赋能助推会计实现全面的升华。

本书共分为八章。第一章是总论,论述了信息技术的属性、影响会计变革的路径,以及目前理论研究与应用现状;第二章从多维度视角分析了信息技术对会计系统的影响,并梳理了未来会计的发展趋势;第三章分析了信息技术对会计理论的影响,如助推财务会计基本理论与管理会计理论的变革和发展;第四章分析了信息技术对会计实务的影响及其自身的变革与升华;第五章分析了信息技术对审计的影响,以及如何助推审计各方面的变革与升华;第六章分析了信息技术对会计职业的影响,并从心理学理论角度论述如何助推会计职业的变革与升华;第七章分析了信息技术对会计教育的影响,以及如何助推会计教育各方面的变革与升华;第八章分析了信息技术和会计高度融合下的会计未来与未来会计,展望了会计的归宿。

本书着眼于人、会计、信息技术三者间的关系并展开研究论述,尝试从人文、心理发展规律的角度阐述会计在信息技术影响下的发展路径和历程。这是一个艰难的尝试,也使我深深体会到知识的浩瀚无边,以及自身学识的浅薄。学海无边,书到用时方恨少,这是我最大的感受。我曾多次想放弃,却咬紧牙关坚持完稿。虽从事会计信息化教育研究20多年,也有一定的实践经历,但仍诚惶诚恐。书中部分内容属一家之言、一家之想,若有不妥之处,恳请读者批评、指正、谅解。

赵鹏飞

2022 年 8 月

目　录

第一章

信息技术时代的会计

第一节　信息技术是会计的生产力

自 20 世纪 50 年代计算机开始应用于会计以来，以计算机为代表的信息技术深刻影响了会计，会计环境已面目全非，会计目标、会计职能内涵也发生了极大改变，会计理论和方法处于不断变化中，会计职业、会计教育、审计被迫不断适应、变革和调整。信息技术极大地提高了会计工作效率、工作质量和工作价值。毫无疑问，信息技术是会计的生产力，全方位促进了会计的发展，也彻底改变了会计的角色。如果没有信息技术在会计中的广泛深入应用，很难想象会计如何服务和适应纷繁复杂的企业管控要求。"经济越发展，会计越重要"，其中一个前提条件是信息技术为会计提供强大的生产力支持，赋能会计发挥其应有的作用与价值。

一、信息技术为会计数据的处理提供了先进的工具，提升了工作效率

会计的主要工作是数据处理，即对会计数据进行分类、计算、汇总、排序、筛选等，其目的是使数据成为易被信息使用者阅读、理解、应用的信息。这些处理过程的效率决定了会计工作的效率，也影响会计工作的质量。在信息技术应用于会计之前，这些工作主要依靠人力来完成，辅助算盘、计算器等工具，会计人员的主要精力都投入到对这些数据的基本处理中，即会计学分支财务会计核算工作中。以计算机为代表的信息技术具有强大的数据处理能力，传统的会计核算工作可以被轻松、高效地完成，甚至完全可以做到程序化、自动化、流程化，而且可以更加标准化、规范化，从而提高会计信息产品的质量。同时，使实时会计、实时生成在线报告成为可能，这在传统会计时代是不可想

象的。信息技术的应用是一个持续发展的过程，对会计的影响也是渐进的过程，大致可以分为以下几个阶段：

（1）初步或单项数据处理应用阶段。这一阶段的大致时间是从 20 世纪 50 年代中期计算机开始进入会计数据处理领域到 60 年代中期，这是计算机在会计中应用的初级阶段，也是电子计算机数据处理方式逐渐代替人工和机械数据处理方式的一个阶段。在这一阶段，计算机主要用于企业内涉及数据量大且简单的单项会计业务中。受计算机价格、性能及软件等限制，这个阶段，计算机的应用面极小，但却是其在会计中应用的开始。

（2）电子数据处理系统阶段。这一阶段的大致时间是 20 世纪 60 年代中期到 70 年代中期，伴随着计算机硬件技术的发展和软件操作系统等逐步成熟，计算机具备了文件管理和多道程序设计等功能，会计数据处理基本上实现了自动化，计算机在会计中的应用由单项数据处理系统逐渐发展到电子数据处理系统阶段。这一阶段会计数据处理效率较人工处理有大幅度提升，而且开始辅助经营管理和决策。

（3）管理会计应用阶段。从 20 世纪 70 年代开始，伴随管理会计的发展及计算机硬件技术的进步，微处理机、计算机网络、数据库管理系统、互联网等的相继出现和推广应用，会计人员在电子数据处理系统的基础上（利用其数据结果和大量定量分析方法），实现对企业生产、经营和财务过程的预测、管理和控制。计算机在会计中的应用进入管理会计应用阶段后，电子数据处理系统逐步衍变为计算机化的企业管理信息系统，同时制造资源计划、企业资源计划（Enterprise Resource Planning，ERP）和财务共享等概念相继被提出和走向成熟，并被广泛应用。信息技术不仅解决了传统会计烦琐的核算问题，而且使会计走上管理的舞台，会计价值得到较好的展现，会计形象得以根本性改变。

（4）智能财务（会计）阶段。随着移动互联网、大数据、物联网、云计算、区块链、人工智能等信息技术的发展，业务、会计、管理步入深度融合阶段，此时会计的反映和辅助控制、决策等管理活动实现了自动化和一体化。这一阶段的会计不再是独立意义上的会计，而是管理不可分割的一部分。由于具备决策功能，此时的会计也被称为"智能会计"或"智能财务"。

二、信息技术改进了会计的生产工艺，提高了会计工作质量

会计生产工艺是指会计人员利用各种专门工具和设备，对各种会计数据进行加工或处理，最后使之成为会计信息的方法和技术。对会计数据的加工过程包括对会计数据从产生、处理、存贮直至输出的整个过程。在信息技术之前的手工会计时代，整个数据处理过程由不同的核算组和人员分工操作，处理工具简单，我国的算盘是典型的代表。为了保证操作的正确可靠，须基于复式记账原理进行账账核对、试算平衡等。为此，会计人员承载了大量低效率、重复处理的工作。基于此工艺阶段的会计工作，只能进行比较粗糙的核算，很难提供精细化的核算信息，会计工作质量难以令人满意。

信息技术的应用，使会计生产工艺获得极大的改善。数据处理能力的提升：一方面，使会计核算精细化，可以提供更加丰富的有用的数据信息，满足各层次管理的信息需求；另一方面，会计核算的及时性得到极大的提升，可以轻易实现业务会计一体化。另外，会计数据处理的正确性、规范性得到加强。这些无疑都提升了会计工作质量，提升了会计信息质量。相比较早期手工会计时代财务报告往往只有几页、几十页纸，信息技术时代的财务报告通常有百页，甚至几百页之多，信息含量不可同日而语，会计信息的有用性特征得到明显的强化。

三、信息技术改进了会计的工作内容和工作方式，使会计回归本质

信息技术的应用使大量会计核算工作流程化、标准化，并导致大量基础性会计核算岗位消失，使会计人员的结构发生巨大的变化，从核算型向管理型转变。据统计，某些集团公司的会计人员中，基础性岗位会计人员所占比重不到10%，大量是管理会计岗位。笔者调查的某大型国有上市公司中，大量的分支机构已经不设置专门的会计部门，核算工作集中到总部进行，总部只是派遣一个财务总监负责若干分支机构或区域的监督管理工作。会计本身是为管理而存在的，核算只是会计工作的起点，服务于管理工作才是会计的根本。在手工会

计时代，会计核算工作占据了会计人员的主要精力，甚至很多会计人员已经忘记了会计的本质。信息技术将会计人员从繁重的会计核算工作中解放出来，使会计人员有时间有精力从事具有创造价值的管理工作。尤其是移动互联网的出现，更使会计人员突破了时空的限制，可以随时随地进行会计管理工作。

信息技术在会计中的应用极大推动了会计的发展，促使其向管理转型，恢复其管理本色，极大提升了会计的价值，而且还助推会计理论、审计理论、管理理论等一系列理论的发展。信息技术的应用使会计进入一个崭新的发展阶段。

四、信息技术助推会计向管理会计信息化、会计数字化变革：HY 案例

信息技术解决了会计进一步发展的瓶颈，疏通了会计发展之路，摆脱了会计之尴尬——产品使用价值不高。信息技术不但提高了会计信息产品本身的价值和含金量，也进一步提升了其应用价值、使用价值，使挖掘、控制、决策成为会计中重要的概念，使会计真正回归管理本色，大步走向管理会计信息化、会计数字化变革之路。下面以一个真实的案例分析信息技术如何赋能推动管理会计信息化平台的构建，为提升财务效率和服务经营管理决策提供支持。

HY 公司：管理会计信息化助推企业财务职能转型和变革

（一）公司基本情况

HY 公司是一家国有控股上市公司，拥有国家级技术中心，是国内空分设备的龙头企业。2020 年，公司的合并收入首次突破百亿元大关。HY 公司业务主要包括设备与工程业务和气体业务两大板块。空分设备及低温领域的技术优势是企业发展的强大基石。企业依托强大的技术研发体系和创新能力，通过持续的研发和技术创新，推动空分设备核心技术不断进步。气体业务是企业实现由生产型制造向服务型制造转型升级的战略发展方向。气体产业不断壮大，将成为企业未来发展的新引擎，目前其已经成了 HY 公司的支撑性产业。设备与工程业务和气体业务相

互支持，协同发展，形成了 HY 发展的强大合力。

（二）实施背景：HY 公司面临的经营环境与管理变革

随着 HY 公司气体业务的扩展，企业规模逐步扩大，总部管控力度需进一步加强，以便及时反映和掌握各子公司、各业务板块的财务状况；随着 HY 公司第一次转型完成后走向第二次转型升级，为做强做大设备与工程业务和气体业务，实现世界一流企业的愿景，企业对经营管理数据的有效分析并快速决策的内生需求越来越强烈。如何有效整合 HY 公司内各企业的财务及相关业务数据，实现准确、及时、高效的财务报表合并，并建立起高效、灵活的经营管理决策数据分析体系，是企业财务急需解决的问题。财务职能转型、管理数字化是实现企业数字化转型的先行行为，则优化目前的管理信息系统势在必行。为此，HY 公司上线了管理会计信息化平台项目，主要有三方面目标：①提升财务效率，提升合并财务报告编制的质量与速度；②加快业财融合发展，增强财务、经营的决策能力；③为财务数字化、管理数字化打下基础。

（三）项目实施方案

第一步：数据的集中化，实现数据中台管理。

数据是重要的资源，如何利用、挖掘数据的价值是提升现代经营管理水平的重要课题。在企业经营规模日益扩大、业务日益复杂、变革日益频繁的今天，拥抱信息技术，挖掘数据价值具有重要意义。HY 公司较早实施了 SAP（Systems Applications and Product）系统，具有较高的信息化水平，但这个系统有个不足的地方，就是其属于单体业务运行系统的构建模式，包括核算报账、预算、资金等系统各个会计主体自成体系，各有特点，但从集团而言，要整合协同各成员的业务信息却困难重重。为此，HY 公司选择了构建基于 OLAP（On-Line Analytical Processing）技术的德国蓝科 LucaNet 一体化财务智能平台作为管理会计信息化项目实施的选型方案。OLAP 技术能满足决策支持或多维环境特定的查询和报表需求，是多维数据分析工具的集合，可以实现自助建立分析模型，包括选择图表格式、选择任意时间范围、选择任意维度与指标组合、自定义过滤条件等。该项目的实施，使 HY 公司合并范围内各个层面的报表报送、合并、分析系统化，管理流程简化，工作质量和效率提高，满足了企业各级管理层对财务及各种运营信息的需求。蓝科管理信息化平台系统基础架构如图 1-1 所示。

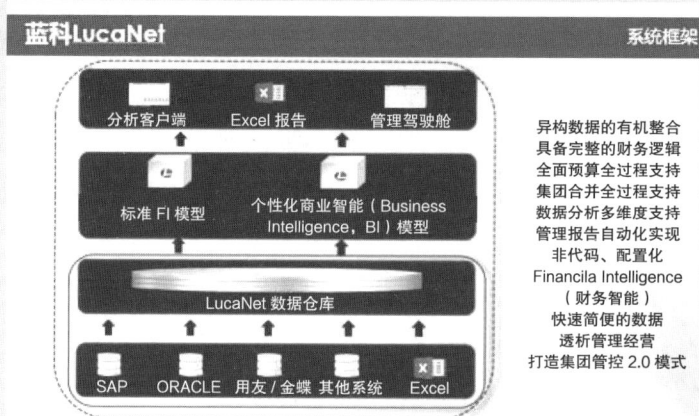

图 1-1　蓝科管理信息化平台系统基础架构

第二步：管理会计理论方法嵌入 ERP 系统中，实现业财融合。

未来的管理会计信息化平台将结合公司的年度财务预算编制工作，整合国资委和财政局的年度财务决算和预算系统，整合公司信息资源，进一步提高财务人员的工作效率，提高企业经营分析水平、财务预警分析和风险管理水平、财务预决算管理水平，使管理会计信息化平台发挥最大效用。

第三步：实现会计智能化或会计数字化，进一步实现企业管理数字化。

持续改进系统，强化信息技术、人工智能在会计控制决策中的应用，从而实现会计智能化、企业管理数字化。

（四）实施效果

1. 提升了财务效率，公司信息披露提质提速

HY 公司的管理会计信息化项目涉及法定信息披露内容和管理会计报告内容。法定信息披露内容包含合并报表主表和 80 多张附注类报表。项目实施前，各子公司单体报表、区域合并报表、股份合并报表及附注类报表主要依靠 Excel 完成及合并，再出具上市公司信息披露报告，自动化率只有 15.09%；项目实施后，自动化率提高到 84.68%，数据信息质量也得到了保证。同时，财务用户出具报表的时间大大缩短，单体报表的出具由实施前的 3—5 个工作日缩短到 1 个工作日，合并报表的出具由实施前的 7—10 个工作日缩短到 3 个工作日。在大合并的基础上可实现区域小合并，为区域财务管理人员提供区域合并业务结果，大大强化了区域财务管理职能，同时充分配合了企业气体板块的区域发展。未来通过兼并、收购、新建等形式增加下属子公司时，财务部门可以在不增加人员配置的情况下完成法定信息披露工作。

2. 财务分析精准高效，推进业财融合发展

该项目集成了公司销售、采购、资产管理等业务的数据及财务报表数据，涵盖了公司制造板块和气体板块的信息，各层级财务分析人员可以根据各自工作需要获得相应的资料，还可向下钻取，查看具体的业务明细内容，同时进行可视化展示。数据的颗粒度得到细化，财务分析人员不再只停留于报表数据和账务记录，还可追溯到原始业务内容和业务流程，在快速获取相关数据的同时，对业务及流程存在的问题做出判断，并提出解决问题的建议措施，提高财务分析效率和精准度；也有助于财务人员增强对业务的理解和掌握，打破业务与财务的隔阂，协助业务发展，推进业财融合。其中，日常财务分析时间由实施前的 10 个工作日缩短到 5 个工作日，大大提高了财务人员工作效率，而且数据准确性得到了保证。这样，各级财务人员就有更多的时间去了解业务，分析数字背后的经济现象或管理问题，从而提升业财融合度，推进业财融合发展，使财务更好地为企业管理服务。

3. 助推企业管理数字化变革，促进高质量发展

财务部门能够对企业信息进行全面掌控，这对于战略规划、预算管理、资金管理、内部控制、成本控制、纳税管理、风险控制起着至关重要的作用。财务数字化转型是实现企业数字化转型的重中之重，它对企业业绩预测、年度预算、市场价格调控都能起到很大的作用。例如：大大提高了企业财务预算的精确度，使精确度达95%以上；提高了企业对业绩的预测和把控能力；在成本管控、价格调控方面也发挥了积极作用。

HY公司管理会计信息化项目实施后最大的优势是打破了原有各个会计主体单体业务运行系统间的壁垒，将集团各成员的业务、报账、预算、资金等系统的构建模式，转变为以核心业务能力为主的管理架构模式，这种转变也是建立管理会计信息化平台、实施数据集中化管理和应用的一个关键点。数据中台化为财务职能的转型提供了数字资源和施展才华的舞台。项目较好地诠释了常说的"点、线、面"理论，即在"点"上感知不到的问题，在"线"和"面"上就可能或更容易被发现。财务人员依托平台，利用自身的专业技能，主动深入业务流程管理中，发现、解决存在的问题，实现"业财融合"和财务的价值创造；同时，该平台为财务人员开辟了无限广阔的职业发展空间，为实现企业管理数字化、会计数字化深度发展奠定了基础。

第二节　信息技术改变了商业场景和会计环境

一、电子商务改变了商业环境

信息技术促进了商务活动的变革，电子商务应运而生。电子商务是指利用电子手段进行的商务活动，是基于信息技术特别是互联网推动而形成的商务活动。在电子商务中，与商务活动有关的各方，包括供应商、销售商、生产商、顾客、第三方平台及银行、税务、审计等社会部门，都在网络中密切结合起来并完成各自的商务活动。由于互联网是一个全球性的开放网络，电子商务是不受时空限制的，相对传统商务活动有许多不可比拟的优势，方便、快捷、低成本、虚拟是一些主要特征。

电子商务深刻影响了企业，改变了企业的组织结构、运作模式、营销管理、结算方式、竞争方式等等。从本质而言，电子商务仍然是商务，但较之传统商务活动具有明显不同的特征。

1. 交易凭证的电子化

电子商务的一个最根本的特征是交易凭证的电子化（电子数据），包括交易合同的电子化及在电子商务活动中流转的单据电子化。电子数据是虚拟化、无纸化的，它不是以原始纸张作为记录的凭证，而是将数据记录在计算机系统中的磁（光）性信息载体上。电子数据极大地改变了传统书面数据的生成方式和存在方式，由于其不同于书面数据的特征，也改变了法律对其证据效力的规定。电子数据无论从生成、存贮、传递到签字确认、修改，都与传统的书面数据存在很大区别。电子数据具有以下特征：

（1）无形性。电子数据实质上是计算机存贮介质中的一组电子信息，是无形物。电子数据的生成，依赖计算机系统的硬件、软件环境，而不同于纸介质那样由人直接完成；电子数据的阅读必须借助计算机、手机等相关设备从存贮器中调阅；电子数据的传输是通过通信网络设备以信息流形式完成的；电子数据的保存一般采用磁介质、光介质等形式存储。

（2）不稳定性。传统的书面数据一旦形成，其形态和内容不再发生变化，除非遭受不可抗拒的灾害事故，即在会计档案保管期限内其有形物质及内容的稳定性是有保障的。电子数据及其载体除遭受不可抗拒的灾害事故易损坏外，几乎时刻面临着设备故障、通信线路故障、误操作，以及黑客攻击、计算机病毒感染等方面的威胁。

（3）易改动性。传统书面数据一旦生成，具有不可改动性，如有改动也容易留下修改痕迹。电子数据是以磁（光）介质作为信息载体，对其进行复制、删除、修改比较容易，而且很难辨识改动行为。

（4）技术性。电子数据的生成、确认、传递、贮存，以及可靠性、安全性、完整性和可验证性等，都是建立在一系列的技术之上的。而且，电子数据的安全技术需要面对不断翻新的信息舞弊和犯罪手段的挑战。

电子数据的上述特点推动会计向无纸化发展。如果电子数据的可靠性、安全性、完整性、可验证性等得不到切实的保障，那么即便开展电子商务，人们仍离不开纸介质凭证，就像使用电传、传真一样。20多年的实践证明，会计要真正走向无纸化还有相当长的路要走，正如电子发票虽然已推出多年，仍有少数企业采用纸质发票。

2. 结算的电子化，出现各种形式的电子货币，促进结算手段创新

在电子商务环境中，交易的电子化必然要求匹配结算的电子化，结算的电子化催生货币的电子化。电子货币是适应电子商务的一种支付媒介，又称数字货币，通过其可以在电子商务中实现及时结算。比特币、电子钱包和央行发行的数字人民币等都是电子货币。目前最为广泛使用的电子货币严格意义上而言并非真正的电子货币，它是在电子信息技术高度发达基础上出现的无形货币，是用一定价值的现金或存款从发行者处兑换而获得的相同金额的电子数据，并通过一定的电子化方式将该电子数据直接转移给支付对象来实现货币支付任务。它只是传统货币的电子化、数字化，属于以现有通货为基础的二次货币。电子货币属于一个不断发展中的概念，央行发行的数字人民币是真正意义上的电子货币，是一种新的通货。典型的电子货币包括电子现金、电子支票和电子信用卡。电子货币有力支持了电子商务的发展，促进了结算的创新，也进一步影响会计。

电子货币的出现为电子支付结算奠定了基础，其最大特点是可以通过网络传输来解决资金流向问题，实现了方便、快捷、经济、高效的资金结算。它极大促进了电子商务的发展。同时，它也促进了结算方式的创新，各种电子支付手段层出不穷，如网上银行、电话银行、自动柜员机交易、销售点终端交易、第三方支付、移动支付等等。这些结算方式各有特点，可分为两类：一类是直接通过银行账户进行支付，上述的网上银行、电话银行、自动柜员机交易、销售点终端交易等都属于此类；另一类是间接通过银行进行支付，如第三方支付，包括支付宝、微信等。

3. 电子数据的安全性保障更为复杂

电子数据的安全性是电子商务被信任和认可的基础与关键。电子商务是一个社会与技术相结合的综合性系统，其安全性是一个多层次、多方位的系统的概念，它不仅与计算机系统结构有关，还与电子商务应用的环境、人员素质和社会因素有关，具体包括电子商务系统的硬件安全、软件安全、运行安全及电子商务立法等各方面。电子数据的安全性主要包括信息的存储安全和信息的传输安全。从传统纸介质数据向虚拟化的电子数据转变的过程中，技术、管理、法律等各方面都会影响电子数据被社会接受的进度，影响会计无纸化的进程。

二、电子商务对会计环境的影响

信息技术通过电子商务改变了整个会计环境，从处理对象到处理手段及方法，直至整个系统功能的设计到管理。

（一）电子商务对会计的根本影响是使交易数据电子化、无纸化

会计核算的起点是原始凭证及其中记载的交易数据。传统的数据，包括书

面合同和各种书面单据，都以纸介质进行记录，具有相对稳定的格式和内容。书面凭证数据常以一式几联的形式产生，便于业务相关方各执一联相互印证。书面数据确认的重要手段是当事人亲笔签字或签章。尽管电报、电传和传真在某些方面改变了传统书面数据的产生方法，但其形成的书面证据经过有关人员的签字后，在某些场合下仍可作为传统的书面数据使用。在各国的法律中，书面资料都是作为证明经济事项的主要证据。

电子数据的特点是虚拟化、无纸化，它不是以纸介质作为记录的载体，而是将数据记录在计算机系统中的磁（光）性信息载体上，彻底改变了传统书面数据的生成方式和存在方式。由于其不同于书面数据的这些特征，也改变了法律对其证据效力的规定。电子数据的生成、存贮、传递、确认、修改都与传统的书面数据存在很大区别。

（二）电子数据对会计的影响

电子数据对会计的影响主要体现在两方面：一是电子数据如何被会计认可与确认；二是数据的电子化进一步对会计信息系统产生的影响，包括系统的重新设计、管理控制的改变及对理论、实务、职能、人员素质的影响等方面。这些内容将在后续章节进行专门讨论。

确认是会计的核心问题。会计数据的确认有严苛的条件，必须以真实、合法、正确、可验证为基础。电子数据的特点使其在存储传输过程中面临泄密、数据丢失、被篡改等问题。电子商务系统必须采取可行的手段确保产生的电子数据在可靠性、机密性、完整性和不可抵赖性等方面符合会计、法律方面的要求，才有可能具备被社会认可和会计确认的基础。为此，在有关的电子商务安全国际标准中，包括安全电子交易规范（Secure Electronic Transaction，SET）、安全套接层协议（Secury Sockets Layer，SSL）、安全交易技术协议（Secure Transation Technology，STT）、联合国电子数据交换标准（Electronic Date Interchange for Administration Commerce and Transportation，UN/EDIFACT）等都对电子数据的可靠性、机密性、完整性和不可抵赖性做出了技术规定。而且，不仅仅局限于技术方面，还需要从法律、管理等方面多角度保障电子数据的安全性。电子数据会计确认的复杂性远远超出了纸介质数据，给会计带来巨大的挑战。

（1）电子数据会计确认的技术挑战性。电子数据要成为具有法律效力的业务证据，并被会计认可和确认，先要从技术上保障电子商务系统的安全性，保障系统中信息流的安全性，即保障电子数据的可靠性、机密性、完整性和不可抵赖性：①可靠性是对电子数据的基本要求，也是有效开展电子商务的前提。电子数据代替了有形纸张数据，确保电子数据可靠也是会计确认的前提。影响电子数据可靠性的因素很多，如网络故障、硬件故障、软件故障、操作失误，以及计算机病毒感染等。另外，内部管理、内部控制体系的建设也是重要的内容，包括安全操作管理、数据备份恢复管理、加强对系统环境及其处理的实时监控等。②机密性是电子数据在互联网传输过程中不会被丢失、被窃听、被截取的技术要求，保护商业机密是开展电子商务的重要保证，也是会计确认的基础。为此，需要采取多种手段，如建立虚拟专用网（Virtual Private Network，VPN）进行数据交换、采用加密技术进行数据加密处理等来保障电子数据传输的机密性。③完整性是指电子数据在计算机系统处理、传输和存贮过程中不会丢失或被损害。设备和线路故障、断电、操作失误、病毒感染等都有可能造成数据的完整性问题，因此，必须从技术和管理上解决电子商务系统及电子数据的完整性问题。主要包括：网络传输协议要具有差错纠正、自动检查和处理数据的完整性的功能；数据存贮技术要先进，加强备份管理；等等。④不可抵赖性。与传统商务的手写签名和盖章功能相似，电子商务活动各方同样要求一旦签署协议，就不能单方面撤销，即不可抵赖性，因此，必须通过一定的数字签名技术针对电子数据提供具有签名或盖章效力的标识，使得在电子商务的无纸化交易环境下，接收方能够证实所接收到的数据是原发方发出的，并且在收到数据后不能抵赖；而原发方也可以证实只有指定的接收方才能接收，电子数据一旦发送即不能抵赖，就像人工签名和盖章是书面内容的组成部分一样。

如此复杂且高技术要求的电子数据，不仅仅在会计系统接收环节，在后续的处理、存储、传送、管理各环节都面临挑战，因此，电子数据的会计确认需要系统地考虑。之前有许多先例，许多纸质打印保存的会计档案资料在十多年后几乎全部消失，更别说保存的电子数据，一个 U 盘的坏损就是一个巨大的数据损失。

（2）电子数据会计确认的法律保障问题。技术保障是电子数据得以普及使用的基础。要真正得到社会的认可，还要取得法律上的承认，即具有法律效力。尽管电子商务的基本法律框架已在全球范围内构建，我国的《中华人民共和国合同法》也承认了电子商务合同在我国的法律地位，包括对电子数据的书面形式、"原件"、电子数据生效的时间与地点及签字确认等问题都做了比较明确和具体的规定，但电子数据在具体应用方面仍然存在许多困难，这不仅仅是会计确认环节的问题，确认后的处理、存储、传送、管理各环节能否满足要求仍然是个挑战。2013 年 12 月 6 日，我国财政部印发《企业会计信息化工作规范》（财会〔2013〕20 号），该规范对电子数据非纸质形式的存储提出了要求，然而实践中却少有企业能满足并实施。

（3）电子数据会计确认的管理保障。有了技术和法律的保障，电子数据在会计上的确认理论上已不成问题。原始凭证的确认是会计系统中最关键的环节，而交易合同、交易数据是电子商务中最核心最基础的数据，也即会计信息系统中的原始凭证，解决原始凭证的电子化、无纸化问题就是解决了会计信息系统中最核心，最具技术性、法律性和风险性的问题。实现原始凭证的电子化、无纸化，为记账凭证、账簿、会计报表的无纸化扫清了所有观念上和技术上的障碍。实务工作中，在传统的会计信息系统中，原始凭证数据按有关规定审核确认后即正式录入会计信息系统。但在电子商务环境下，技术要求复杂得多，作为原始会计凭证的电子数据附有发送方的数字签名、数字凭证，在交易活动发生时被直接发送给接收方的计算机信息系统。接收方的业务经办人员先要对电子数据报文内容、数字签名、身份认证等方面进行审核，对有些反映一系列业务链的电子数据，则要按顺序审核对应的数字签名链，再由经办人员审核签字（数字签名）后作为正式的业务数据转入会计信息系统，由会计人员进行审核确认。这个过程中，会计人员基于各种原因很难做到实质性审核。在后续会计环节，对这些数据的管理仍然是一个挑战。这也限制了会计无纸化的进程，更多是一种非无纸化的无纸化，是一种将原始电子数据纸质化后无纸化再纸质化的过程。

第三节　信息技术时代的会计是人、数据（信息）、信息技术的集成协同

在信息时代，知识就是力量，而知识源于我们能及时获取的信息并知道如何去应用。人、数据（信息）、信息技术构成了信息系统的主要资源，三者的集成协同极大提升了我们认识世界、适应社会、改造世界的效率与能力。信息源于数据，是数据处理的结果，强调的是人的主观性和目标取向。数据处理加工成信息的过程不是静态的，而是一个持续的、多目标的过程，因而数据、信息并没有绝对严格意义上的区别，而是一个相对的概念。人、数据（信息）、信息技术的集成协同形成了信息时代的特征。

一、数据（信息）是一种重要的资源

（一）数据、信息与信息技术

在信息技术广泛应用的今天，数据呈现几何式增长，包括结构化数据、非结构化数据及半结构化数据。当今，大数据成为一个热门概念，以数据量大、类型繁多、速度快、价值密度低为特征，人们都期望从中挖掘出有价值的东西。事实上，数据本身并不具有直接的价值，它需要经过加工处理、内在分析才可能显露出价值。正如掘金过程，需要经过相当的工艺才能将价值相对较低的金沙变成高价值的黄金，其中工艺水平担负着重要作用。信息技术在人类将数据加工成信息的过程中扮演着这一掘金工艺的重要角色。随着互联网的兴起，企业从外部获取的信息越来越多，而且基于信息技术，内部核算越来越细化，统计归集各类业务的数据越来越方便、丰富，企业数据量大幅度增加。人正是利

用信息技术将数据资源加工成对人、对企业有价值的东西，其间是人、数据（信息）、信息技术集成协同发挥了作用。回顾传统会计时代，因工艺水平的限制，会计信息系统是多么的无奈，在极其忙碌和烦琐的环境下，只能提供极其有限且粗颗粒度的会计信息。

（二）数据（信息）的维度

我们需要什么样的信息，或者会计信息作为一种产品，可以从哪些维度来衡量它的特征。基于当前的认识，可以从时间或空间、内容与形式几个维度来确定我们的需求。具体见图 1-2。

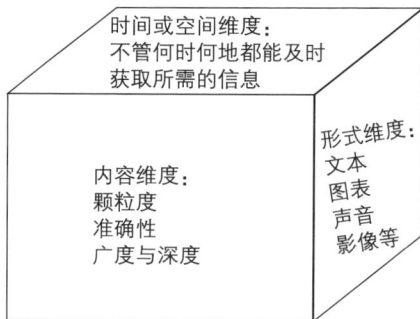

图 1-2　信息描述的维度

时间维度通常是指在我们需要的时候能及时获得信息，并且信息是与我们的业务或决策活动相关的。在会计信息质量特征和核算原则中有及时性和相关性两个原则，这是信息有用有价值的基础，过时的信息基本上就失去了价值。在学术界，会计信息的有用性是一个有争议的话题，这与前面两个原则的时间维度质量有关。尤其在传统会计时代，基于手工技术特征的会计产品很难提供满意的时间维度下的会计信息产品。信息技术的发展，极大改进了会计信息时代时间维度的特征。

空间维度是指获取信息的便利程度且是否被空间所阻隔，这本质上仍然是会计信息质量特征中的及时性和相关性问题。信息技术的发展，尤其是移动互联网的发展，使信息传送与获取极其便利，从而导致跨国公司管理的革命性变革。集中核算、财务共享模式等的出现使会计核算及财务管理步入一个崭新的阶段。综上，会计信息的空间维度已得到最大限度地满足。

形式维度是指信息以什么样的形式提供，如以文本、图表、声音、影像、动画等等。基于人们不同的知识背景，人们对信息的理解能力、理解程度各不相同。在传统会计时代，会计信息主要以文字、表格形式提供，对于缺乏会计知识背景的人员来说，理解具有一些困难；但利用现代信息技术，甚至可以动态方式提供会计信息，这极大提升了人们阅读感受和方便程度。

内容维度是指提供的颗粒度、准确性、广度与深度的信息内容，这是信息涉及的最实质的问题，是信息的价值所在。在传统会计时代，只能提供粗颗粒度的报表信息，财务报告的信息含量相对有限。在信息时代的当今，一份财务报告往往包含一百多页甚至几百页内容，信息颗粒度与以前大不相同。在对内部管理的影响方面，精细化的核算、及时的反映、人工智能算法的应用，为管理会计的发展、为业财融合的实现、为精细化的管理、为自动化的预警控制乃至预测提供了技术保障。

上述四个维度中，前三个维度，信息技术都提供了极好的解决方案，为会计信息产品价值的挖掘和实现提供了强大的基础。而第四个维度，更大程度上依赖于人这一因素，人的知识、能力、素养起着决定性的作用。另外，信息技术的发展还带来了安全问题，这会制约未来会计的发展。

二、人是一种重要的资源

人是信息系统中最重要的资源，系统的设计、目标规则流程的制定、决策的确定主要依赖人。前述信息固然重要，但如离开了人，则其资源价值无法或者说很难得到体现。信息技术能帮助人加工处理、管理数据甚至做一些流程化的决策，但主要决策者还是人。也许某一天人工智能发展到一定程度，可以包揽大量的日常决策事务，但决策的决策还是由人来制定和控制的。这并不是说数据、信息技术不重要，三者间存在着密切的关系，互相依存，互相促进，都是一个系统不可分割的组成部分。人离开了数据、信息技术，那是无源之水，无本之木，是巧妇难为无米之炊。

1. 人需要掌握数据相关知识与信息技术

人作为一种重要资源的根本原因在于其掌握的知识及应用知识的能力。信息时代，人不仅需要掌握数据知识和信息技术，还要利用其服务于我们的社会活动。企业规模的扩大、业务的日趋复杂迫切需要精通相关专业类知识、具备独立思考和综合应用能力、掌握信息技术的人员以支持和管理要求日益提高的会计工作。知识就是生产力，信息技术是生产力，现代会计人员需要掌握优秀的生产力。从目前社会对会计的要求及信息角度来看，会计人员至少应该：

（1）明确自己工作的数据和信息需求；

（2）懂得如何及从哪里获得数据和信息；

（3）具备将数据加工成各类信息的能力；

（4）具备会计、管理、金融、经济等相关知识，理解信息的含义，有一定的决策行动力；

（5）对数据信息具备一定的管理能力。

2. 人的职业道德和社会责任

作为一名会计信息工作者，承载着维护社会经济秩序和为组织服务的重要责任。一方面他们是会计信息的生产者、使用者，还可能是管理者，必须遵守法律制度规定，尽心尽职做好本职工作，践行客观、公正、不做假账、为组织创造价值的社会责任；另一方面，要能胜任组织赋予的工作，维护好组织的利益，要抵制各类诱惑，不做损害组织利益的事，这也是基本的职业道德要求。

三、 信息技术是一种重要的资源

信息技术是会计信息系统的重要组成部分，直接推动了会计的发展。毫无疑问，信息技术是一种重要的资源，是一种生产力，在会计发展史中起着里程碑的作用。什么是信息技术？根据百度百科的解释，信息技术（Information Technology，IT），是指主要用于管理和处理信息所采用的各种技术的总称。它主要是应用计算机科学和通信技术来设计、开发、安装和实施信息系统及应用软件。不同的人因其使用的目的、范围、层次不同而有不同的理解。从哲学角度看，人们认为信息技术是指能充分利用与扩展人类信息器官功能的各种方法、工具与技能的总和，它阐述的是信息技术与人的本质关系。从对信息技术功能与过程的角度看，信息技术一般被理解为对信息进行采集、传输、存储、加工、表达的各种技术之和。从技术角度看，信息技术被认为是利用计算机、网络、广播、电视等各种硬件设备及软件工具与科学方法，对文图声像各种信息进行获取、加工、存储、传输与使用的技术之和。无论如何定义，信息技术通常都包含硬件技术和软件技术两大部分。硬件技术包括输入设备、输出设备、存储设备、中央处理器（Central Processing Unit，CPU）和随机存取存储器（Random Access Memory，RAM）、远程通信设备和连接设备；软件技术包括系统软件、应用软件和工具软件等。这些技术的组合使会计从纸质时代迈入电子数据无纸化时代，从以核算为中心的财务会计时代迈向注重管理、注重价值创造的管理会计时代。随着大数据、人工智能、物联网、移动互联网、云计算、区块链的发展及其在会计方面的应用，会计将被催着迈向智能会计、智能财务时代。综上，信息技术将一步一步助推会计变革发展与升华。

第四节　信息技术在会计中应用文献研究及实践现状综述

从一般抽象意义来总结信息技术在会计中的应用趋势也许并不复杂，其演化路径从会计电算化到会计信息化再到会计智能化被学术界及实务界普遍认可，如刘勤和杨寅（2019）从时间维度总结了这三个阶段。但要具体严格地评述并不容易，即便对相对比较成熟的会计信息化，既缺乏普遍认可的理论支持，在实践中也多半是各自摸索，并不存在一套放之四海而皆准的模式。虽然各种 ERP 系统产品，如 SAP、ORACLE、用友、金蝶等提供了选型参考，为会计信息化实施提供了基础架构，但它仅仅只是一个平台，要真正实现会计信息化的目标，需要会计人员的积极参与，需要会计人员因地制宜地设计和改造，以符合企业特殊具体场景的应用要求。凭借一个软件即达到较高的信息化水平，这并不现实。而面对更高级的会计智能化发展阶段，更是处于一种"仁者见仁智者见智"的阶段，很难用一种模式来描述信息技术。无论是学术界还是实务界，都在努力地探索中。

刘勤和杨寅（2019）回顾与展望了改革开放 40 多年的中国会计信息化问题，并借助霍尔三维结构模型，提出了"四维映射"理论框架，见图 1-3。图 1-3 分别从时间维度、知识维度、政策维度、实践维度较全面地总结了会计信息化发展历程、影响及后果，并展望了会计信息化未来的发展方向。在这四个维度中，时间维度不具备实质的内容，却是一个不可或缺的因素，描述任何事物的发展变化都离不开时间这个维度，都需要置于一定的时空范围；政策维度则是影响事物发展进程的重要因素，正是我国政府的大力支持，规范、加速了对信息技术在会计中应用的理论研究和实践研究，助推了其发展，但同样，政策并不是事物本身，只是影响发展进程的一个重要因素。时间维度与政策维度的影响最终体现为理论发展与实践应用的广度与深度。因此，描述信息技术在会计中应用的最本质的维度是知识维度与实践维度，即理论的发展与实践应用，是一定时空范围内理论的发展与实践应用。本书从内容与时间两个维度进行阐述，内容维度主要通过对研究文献的归纳与总结来体现，时间维度通过每年的会计信息化年会内容来体现，因为这个年会的主题是紧随信息技术发展的步伐来设定的，最能体现信息技术在会计中的应用前沿和时代特征。

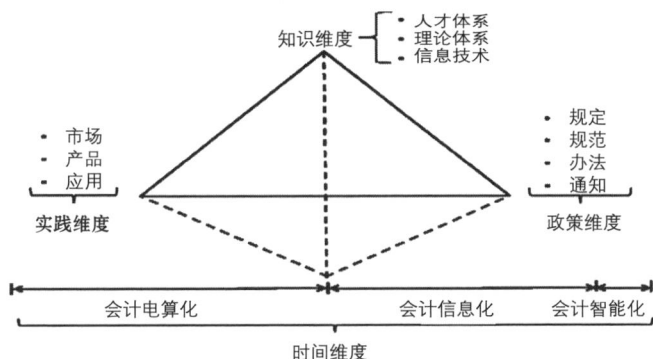

图 1-3 "四维映射"理论框架

一、信息技术在会计中应用文献研究（内容维度）综述

信息技术在会计中应用的深入与信息技术的发展密不可分，与人们对会计本质的认知变化和持续思考密不可分，与人们的思维方式密不可分，且具有明显的时代特征：从最初希望会计劳动的高效替代，到提供个性化的会计信息及业财的整合，再到流程化、智能化的控制决策，直至最终退出历史舞台。要完整梳理信息技术在会计中应用的研究及实践路线并不容易，有时甚至看不清它的方向，因为技术的发展并不是线性的，更多的是一种全方位的辐射，其在会计中应用也是全方位的，但时有一种"盲人摸象""眼花缭乱"之感。如何跳出会计看会计，如何跳出技术看会计，只有回归到会计的本质，才会柳暗花明。综观会计电算化、会计信息化研究历史，即便仅在中国大地上，信息技术在会计中应用的研究文献也极为丰富，很难全面概括而不遗漏。本书在此粗略归为

以下几个方面，但这些只是冰山一角，许多研究具有综合性，归为某个方面不尽合理。

（一）信息技术对会计的影响

信息技术对会计的影响涉及会计理论、会计实务、会计教育、会计审计、会计职业等各个方面，这方面的文献最为丰富。从生产的角度看，数据、信息技术、会计人员分别扮演着生产对象、生产工具、劳动者的角色，三者构成了生产力。马克思主义基本原理告诉我们，生产力决定生产关系，生产关系对生产力有反作用。然而生产力是如何"决定"生产关系的呢？又是通过什么路径来实现的？马克思把它解释为生产力通过对现实生产组织形式的影响来决定生产关系，即生产力的发展会推动生产组织形式的改变而形成一种新的生产关系。把马克思主义的这一基本原理置于会计中，仍然适用。信息技术的发展应用改变了生产力，或者说提高了生产力，自然会影响会计生产关系的各个方面，从而出现并形成一种新的会计组织形式，助推会计在理论、实务、教育、审计、职业等各个方面的变革。信息技术影响下，会计几十年的发展史也证实了这一关系。

信息技术在会计中的应用在我国已有 40 多年时间了，从时间维度大致划分为会计电算化、会计信息化（狭义）和会计智能化 3 个阶段（财务、会计、成本应用电子计算机讨论会，1981；唐清亮，1986；刘勤和杨寅，2019）。通常在 2000 年之前或稍早时期是会计电算化阶段，属于信息技术在会计中应用的初级阶段，主要探索信息技术如何应用于会计以实现完整核算，其间较少涉及管理问题。在西方发达国家，这个阶段要往前推 20 多年。我国信息技术在会计中的应用始于 1979 年财政部资助 500 万元给长春一汽进行会计核算试点。1981 年，"会计电算化"概念首次在财务、会计、成本应用电子计算机专题讨论会中提出，这标志着我国信息技术在会计应用方面进入了会计电算化的探索阶段。张力学（1984）、王蕙芸（1984）、郭雪亭（1984）、陈利浩（1988）、张柱中（1986）对会计电算化的具体实施技术、方法、系统的特点等及其改革方面进行了探讨研究；唐清亮（1986）基于会计电算化与手工会计的明显不同，提出要深入进行会计电算化的理论研究；潘晓江（1983）和严绍业（1987）等较早讨论了会计电算化系统的内部控制方法和技术问题及对审计的影响与应对措施；亚湖和阿梅（1989）则较早探讨了会计人才知识结构问题；莲子（1992）总结了会计电算化的十大优势；等等。1989年财政部颁布《会计核算软件管理的几项规定（试行）》，明确了商品化会计软件的基本要求，直接使我国会计电算化步入快速发展阶段。还有未列出的众多研究成果，它们极大提升了会计电算化的应用水平和理论成熟度，为进入会计信息化阶段奠定了良好的基础。

1998年，中国软件行业协会财务及企业管理软件分会召开了"向ERP进军"发布会，改变了商品化会计软件的功能以会计核算为主的局面，管理型软件开始受到企业的关注（陈婉玲和韦沛文，1997）。几乎同时，"会计信息化"概念首次在深圳市财政局和金蝶联合举办的"会计信息化理论专家座谈会"中被提出。随着互联网的兴起与成熟，2000年，用友和金蝶分别推出了网络会计软件服务，我国开始进入网络财务阶段（李端生和续慧泓，2004），这标志着我国进入会计信息化阶段。

信息技术对会计信息化的影响是多方面的。在上述对会计电算化影响的基础上，我国许多学者进行了多方面的探讨。庄明来和魏立华（2005）提出会计信息化要解决两个理论问题：一是管理信息系统与会计信息系统的"同源分流"理论问题，它的解决可为会计信息化搭建理想的数据总体架构；二是需要尽快解决会计确认与会计计量电算化的理论问题，以实现会计核算的完全电算化。这两个问题的解决直接打开了信息技术在会计中的应用空间。蒋楠（2012）认为，信息技术积极影响了会计记录、信息系统建设、财务报告体系等各方面，并对会计信息的质量特征起到了巨大的优化作用。秦荣生教授则紧随信息技术发展的脚步来分析各种信息技术发展对会计信息化的影响。如秦荣生（2013）分析了云计算对资产的确认、收入的区分与确认、成本的计量与配比、会计凭证的合法性及云会计应用等问题的解决和云计算环境下内部控制评审、云审计平台建设、信息安全审计、收集审计证据和实施审计程序等时面临的问题；

2014 年，他又分析了大数据、云计算技术对审计技术和方法的影响，认为其可以持续促进审计方式的改进、总体审计模式的应用、审计成果的综合应用、相关关系证据的应用、高效数据审计的发展和大数据审计师的发展，还提出了强化大数据、云计算技术审计应用的措施，包括制定长远发展战略、加快审计法规建设、建立行业平台、加强研发和提高利用能力；2015 年，他探讨了大数据技术与思维的含义与特征，提出了大数据思维与技术在会计工作中应用的若干措施，包括建设财务共享服务中心、推进大数据分析平台建设、提升大数据会计服务能力等。田高良、陈虎和孙彦从等（2019）认为，"大智移云物"技术在财务领域的应用将使财务工作更趋自动化、数字化和智能化，并迫使企业财务转型以提升企业管理水平和构建更好的竞争力，还分析了财务转型的路径及对财务组织和财务人员的影响。路伟果、刘光军和彭韶兵（2020）分析了数据挖掘技术对会计的影响，包括会计人员和会计部门角色发生根本变化，会计确认的要素范围扩大到数据资产和数据资本并且更多地采用多维数据，数据解释更多地采用可视化技术且用户将成为信息参与者，以及企业和会计人员将面临更大的信息安全风险，并提出了包括会计人员需要转型为数据分析师和算法工程师且必须重视数字经济蕴含的价值及其重要地位，会计人员要提升数字素养及信息技术应用水平，企业及会计人员应积极参与构建信息安全防护体系和标准规则体系等措施。王章礼（2020）认为，区块链技术在会计、审计行业的应用改变了注册会计师的执业对象与执业环境，并具体分析了其对注册会计师执业的影响。

在信息技术对会计理论与实务影响方面，周卫华（2019）认为，信息技术对会计理论与实务的影响是冲击、融合与创新，并促进会计向智能化方向演变，同时以心理学和信息科学的智能概念为逻辑起点，初步分析了会计智能的概念和内涵。刘勤（2021）认为，信息技术赋能会计变革，包括业务和财务的深度融合、管理会计的深入发展、财务组织的高度共享化、信息系统的智能化、对复合型人才的需求激增、财务新生态的形成等。同时带来了包括会计政策法规、会计人才培养、信息系统建设、会计伦理发展等很多方面的挑战，提出必须深刻认识这些挑战的本质，并采取有效措施积极应对。

在信息技术对会计教育影响方面，杨有红（2000）运用实证调查，沿着"影响会计的因素—会计工作的相应变化—会计人员知识结构调整—会计教育创新的思路分析了 21 世纪的会计及会计教育，认为 21 世纪是核算型会计向管理型会计演化的世纪，其间需要会计人员具备较强的综合分析与判断力，这种高素质会计人才的培养依赖于教师素质的提高和教育方式的变革。

（二）会计信息系统的构建及应用

许永斌（1996）早在会计电算化阶段，就比较分析了手工会计与计算机会计的不同，讨论了我国电算化会计信息系统模型改造的理论基础。杨周南（2003）根据我国信息化现状及未来可能的实践，提出了建立会计管理信息化的信息系统内控和审计（Information System，Control and Auditing，ISCA）模型，以期达到对 AIS 安全、可靠、有效和高效地应用，实现企业物流、业务流、资金流、信息流、控制过程和审计过程的整合与集成。

（三）内部控制及安全问题

王海林（2008）结合内部控制相关理论，辨析了 IT 环境下的内部控制相关概念和内涵，提出了内部控制系统、内部控制系统的工程实施体系、内部控制系统的评价体系是内部控制模式不可分割的三要素，并对它们进行了详细分析。应里孟和郑煦平（2013）认为，IT 环境下会计信息系统内部控制的方式和内容显著区别于手工会计环境下的内部控制，为此必须采取相应的措施以防范这种 IT 带来的内部控制风险。

（四）会计信息化标准建设方面

杨周南和刘梅玲（2011）探讨了我国会计信息化标准体系构建的理论和方法，并在此基础上提出了会计信息化标准体系的概念框架，并从会计信息系统的生命周期更迭和会计信息在信息化环境下的运动两个主视角出发，结合会计信息化综合支持与控制、会计信息化评价等辅视角，构建了我国会计信息化标准体系的框架结构模型。刘梅玲和杨周南（2016）从理论框架和方法学入手，对会计信息化标准体系的构建进行深化和拓展研究，并基于综合性视角进行分析，构建了会计信息化标准体系和可拓展商业报告语言财务报告标准体系的框架结构。

（五）财务共享与业财融合研究

围绕财务共享的含义、作用、构建、影响及关键因素、模式、实施策略、对财务人员职业的影响、服务质量评价等方面，许多学者进行了不同角度的研究。有的学者从财务共享构建的目的进行研究。财务共享服务中心建立的目的是避免重复劳动，实现协同效应，这就需要根据内外部客户的服务期望，按照面向事务的服务流程和以知识为基础的服务流程（Goold and Young，2001），对内外部客户的业务流程进行改进和整合（Martin，2011）。如果财务共享服务中心从建立开始就没有标准化的流程和实施最佳的服务实践，则可能导致员工很难处理和控制具体工作及使财务共享服务中心陷入困境（Owens，2013）。张瑞君、陈虎和张永冀（2010）基于流程再造理论与中兴通讯集团管理实践总结了对财务共享服务中心构建的过程需要从组织、技术、流程、绩效考评等维度来考量和分析，为中国企业财务管理变革和构建财务共享服务模式提供了经验。何瑛和周访（2013）则基于流程再造的视角从实证的角度研究了财务共享服务的成功实施因素及其相互之间的关系，并根据对财务共享服务价值的影响程度从高到低对关键因素进行排序，依次为战略规划、信息系统、流程管理、组织结构设计、绩效管理、人员管理，这为财务共享实践者聚焦重点、厘清关系和思路及低成本高服务实施提供应对参考。陈虎和董皓（2008）认为，要实现财务共享服务中心的目标，必须关注财务共享服务中心的绩效及评估问题，并对此进行了探讨。王运运和胡本源（2017）以案例的方式分析了构建财务共享模式的框架应从方案设计、迁移实施及项目管理三方面进行。张瑞君和张永冀（2008）分析了企业集团构建财务共享服务模式的动因，并提出构建财务共享服务模式的几点策略。唐勇（2015）结合海尔集团和中兴通讯财务共享服务案例，在分析企业财务重分类和企业会计再分工的基础上，为财务共享实施后企业财务人员设定了三种转型方向：战略财务—财务管理、共享财务—财务会计和业务财务—管理会计。秦荣生（2015）指出了财务共享发展的六大趋势：企业从会计集中核算模式向财务共享服务模式转变；财务共享服务促使企业商业模式和经营方式的重构；财务共享服务从财务领域延伸到生产经营全过程；财务共享服务促进财务会计与管理会计的融合发展；财务共享服务中心的建设由完全自建向外包方式转变；财务共享服务促使财务人员向复合型人员全面发展。李闻一、朱媛媛和刘梅玲（2017）通过问卷调查的方法分析了财务共享服务中心的服务质量问题及智能财务共享的选择、实现要素和路径。

在业财融合研究方面，汤谷良和夏怡斐（2018）认为业财融合理论框架应该包含辅助企业战略制定和实施与经营全过程的探照灯、导航仪、扫描仪、仪表盘与界面交互等五个方面闭环型的内容要点，并探讨了业财融合在内容、模式、组织、报告与文化等方面有效落地的五大实操要点。王斌（2018）认为，"业务—财务"是一枚硬币的两个面，其融合是天然的，不受管理职能分工的影响，业财融合主要体现在组织战略、经营计划、业务运营等核心领域，其常用模式包括制度化、财务部门主动嵌入、项目制等。王亚星和李心合（2020）尝试从理论上界定、重构业财融合的概念框架，并对其含义进行了解读，同时梳理了业务与会计、财务与会计、业务与财务及三者间整体的关系，即既相异又关联，既不相容又相容。

（六）管理会计信息化

祁怀锦（1996）是较早提出管理会计电算化问题的学者，认为建立管理会计电算化系统很重要并进行了初探。李守明和刘玲（1996）在会计电算化阶段也提出会计软件仅仅停留在财务会计电算化上是不完整的，必须进行管理会计电算化建设，并探讨了会计决策支持系统问题。杨周南（2005）提出了有限闭环价值链的基本概念，指出价值链会计管理信息化是实现价值链会计管理的重要环境和技术基础，并指出了价值链会计管理信息化的十大变革，即目标定位的提升、技术平台的变革和提升、业务流程的变革、内涵的提升、从 AIS 到 ISCA 模型的转变、标准体系的扩展、价值链会计管理重点的变革、价值链会计管理计划和会计控制作用的提升、价值链会计管理审计体系的变革、财会人员职责的转变。刘勤（2017）基于信息论、系统工程思想、REA 模型和现代信息技术的发展规律，初步探讨和构建了我国会计管理信息化的发展体系。

（七）会计（财务）智能化或会计数字化

李闻一、李栗和曹菁等（2018）基于信息技术的变革，尝试提出了智慧财务的概念，并设想了智慧财务未来的应用场景。刘梅玲、黄虎和佟成生等（2020）阐述了智能财务的基本框架和建设思路，在理论层面探讨了智能财务的定义、特点和基本框架，在应用层面结合案例探讨了智能财务建设的总体思路、智能财务平台的建设思路和新型财务管理模式的构建思路。续慧泓、杨周南和周卫华等（2021）以会计管理活动论为理论基础，结合大会计观和 IT 环境论，提出了智能会计系统的概念，并进一步基于软件工程方法学提出了智能会计系统的概念模型，构建了"决策—控制"价值增值循环、"披露—反馈"价值信息交换循环、"优化—共享"价值协同循环、"监督—调控"微观会计与宏观经济一体化管理循环四个智能会计系统业务循环模型，并从构建方法、物理结构和应用模式三个方面论述了智能会计系统的实现路径。

从文献看，国内外学者对信息技术在会计中应用的研究的成果极为丰富，我们根本无法一一列举，也无法详尽各类观点与研究成果，但这并不妨碍我们对其认识和评价。在这个百花齐放、百家争鸣的时代，在这个信息化充满个性化的现实中（虽然我们在追求会计信息化标准体系），在会计信息化实践水平有着巨大差异的环境里，在研究学者知识背景存在不同特征的背景下，研究成果向我们展示了多维度、多视角、全方位的信息化画面，也提示我们会计信息化不是一种模式、一种标准能概括的。但有一点是肯定的，信息技术深刻影响了会计，涉及会计职能、会计目标、会计基本理论、会计实务等各个方面，进而改变了会计组织及工作方式，改变了会计关系，改变了整个会计生态。会计人员不再是低级的劳动者，而是高级的智力劳动者；会计人员不再是简单的记账者、算账者、报账者，而是具有价值创造的综合管理者；会计不再是人们眼中的"小会计"，而是全能的"大会计"。无论从哪个维度看，会计再也不是之前的会计，信息技术助推会计完成了蝶变，助推会计全方位实现了升华。

二、信息技术在会计中应用实践研究（时间维度）综述

信息技术在会计中应用从实践维度看可归为以下几个问题：信息技术下的会计是什么？两者如何融合？两者如何融合才能更好？最后应朝什么方向发展？在不同时期、不同阶段被赋予什么特征？这些具体体现在会计电算化、会计信息化、会计智能化三个不同的发展阶段中。会计学是一门实践性很强的课程，我国会计学会每年主办的会计电算化（会计信息化）年会和影响中国会计从业人员的十大信息技术评选结果从另一角度很好诠释了我国信息技术在会计中应用的理论研究与实践研究发展历程。

（一）会计电算化（会计信息化）年会维度综述

1. 会计电算化（会计信息化）年会主题的回顾、评述和影响

1988 年"首届会计电算化学术研讨会"召开，会上讨论了会计软件的商品化问题。这次会议影响重大，促使财政部在第二年颁布了《会计核算软件管理的几项规定（试行）》，明确了会计软件商品化的基本要求，直接助推了我国会计电算化事业步入快速发展轨道，标志之一是 1988 年我国第一家会计软件专业公司——用友成立。

2003 年 11 月 25 日至 27 日，全国现代信息技术在会计中应用研讨会暨全国信息技术与会计应用研究会第二届年会在杭州召开。这是一次从会计电算化阶段转向会计信息化阶段中召开的盛会。会上讨论的内容非常丰富，主题包括：在新经济环境下，现代信息技术对会计的影响；传统会计电算化向会计信息化转变的理论问题探讨；"会计信息化"的概念及其体系结构论述；企业信息化与会计发展、会计规范建设、会计信息标准、会计信息化教学体系改革和集团企业财务管理模式等问题的提出与探讨。这次会议正是在会计信息化的摸索阶段，ERP 软件系统进入试用，许多理论问题亟待讨论和解决的背景下召开的。会议恰逢其时，响应了会计信息化实践的社会需求，具有重大的历史意义。其标志着信息技术在会计中的应用步入了会计信息化阶段。

2004 年 11 月 13 日至 15 日，第三届全国会计信息化年会暨杨纪琬教授创建会计电算化高等教育 20 周年纪念会在长沙召开。这次会议的主要议题是：

纪念杨纪琬教授创建会计电算化高等教育 20 周年；会计电算化高等教育体系的建立对我国高级会计人才培养所产生的现实意义及深远影响；在企业信息化环境下如何开展会计信息化及会计信息化教学体系的研究等；面对当时实践及会计信息化的蓬勃发展，会计高等教育该怎么办，需要什么样的改革培养方案来适应与支持会计实践对人才的需求。这次会议极大促进了会计教育的变革。随后，ERP 软件操作等一些会计信息化课程在高等学校相继开设。

2005 年 8 月 21 日至 23 日，第四届全国会计信息化年会在山西太原召开。其间，杨周南教授做了"会计信息化体系探索"的主题报告，全面深入地论述了会计信息化的理论基础及内涵和外延，提出会计信息化的完整体系结构框架，澄清了当时理论界和实务界对会计信息化的一些模糊认识。财政部会计司及会计学会，对我国会计信息化建设中存在的突出矛盾和主要问题进行了分析，包括会计信息不能满足信息使用者的需求、法规制度建设滞后、市场缺乏会计电算化发展的长效机制等，并提出把可扩展商业报告语言（Extensible Business Reporting Language，XBRL）作为将来的一个研究重点。会议还讨论了会计信息化事业管理、计算机审计、会计信息化教学体系重构、会计信息标准化体系构建、会计信息化风险和控制、会计信息化与会计监管及 CPA 考试、管理会计信息化等问题。（吴沁红，2005）会议讨论的问题涉及面很广，意味着会计信息化的影响是多方面的。信息技术助推会计发展，许多理论体系、概念框架、管理机制面临变革与重新洗牌，而最大的变化是会计职能重心的改变及在理论上如何构建会计信息化体系。

2006 年 4 月 22 日至 25 日，第五届全国会计信息化年会在安徽合肥工业大学管理学院召开。这次会议的一大特点是加强了国际学术交流与合作，邀请美国会计学会会计信息化分会主席 Stephanie M.Byrant 教授做了"会计信息系统教育最佳实践"的主题报告，并与参会代表进行了直接交流。Byrant 教授系统地介绍了美国会计信息化教育体系，分享了教育内容、教育理念、年轻教师培养等方面的经验，分析了会计信息系统教育的发展趋势。张瑞君教授做了"会计信息系统国际研究回眸与展望"的主题报告，介绍了美国会计信息化研究的状况、方法及对中国会计信息化研究的借鉴作用。用友的代表在报告中阐述了新会计准则对会计信息系统的影响，涉及会计信息系统的各个应用模块。韦沛文教授做了题为"在企业信息化战略框架下深化会计信息化"的报告，认为企业信息化与会计信息化是整体和部分、包含与被包含的关系，是互相影响、相互促进、互相支持和相辅相成的关系，指出会计信息化向企业信息化发展的趋势。各方代表还讨论了关于会计信息化基础理论与应用、会计信息标准化体系与XBRL在中国的应用方案、信息化环境下的内部控制与审计、价值链管理信息化与企业集团财务管理信息化、会计信息化教学体系等问题（吴沁红，2006）。这一次会议重视与国际上的交流，强化了会计信息化研究的广度与深度。

2007年4月6日至8日，第六届全国会计信息化年会在重庆召开。这次会议主要就会计信息化、企业信息化过程中有关内部控制与审计、基础理论与方法、XBRL与新会计准则、信息化教学与信息系统重构、AIS开发与应用等热点问题展开具体探讨，更多的是对会计信息化走向成熟过程中的技术的讨论。

2008年5月24日至25日，第七届全国会计信息化年会在大连召开。会议主要围绕完善会计信息化理论与实务应用的具体问题，如新会计准则与信息化、信息系统内部控制与风险管理研究、信息化理论与教学改革研究等进行了具体讨论。

2009年5月9日至10日，第八届全国会计信息化年会暨庆贺中国会计信息化事业开展30周年纪念活动在天津隆重举行。会议以"交流、协作、创新、发展"为宗旨，采用主题演讲、高层论坛、辩论会与小组讨论等形式，对会计信息化理论与实务进行深入研讨，拓展研究领域。其间几位主题报告人的观点让人印象深刻。庄明来教授的"我国会计信息化回顾与展望"主题报告，回顾了我国会计信息化的发展历程，并基于我国会计信息化发展目标，提出会计系统设计的两阶段论构想：第一阶段以获取高质量财务信息为目标，即以标准化会计流程为基准、以电子化原始凭证数据确认为重点、以完整地自动生成记账凭证为基础、以XBRL要求为输出条件，以嵌入实时控制与连续审计技术和方法为质量保证，逐步建立统一规范与高质量的行业或地区会计信息中心。第二阶段以获取一体化的财务与业务信息为目标，即以 ERP 设计框架为基础，以价值法与事项法融合的设计思想为先导，以业务数据库的组建为重点，以获取财务与非财务数据及定量与定性数据为目的，逐步建立融业务与财务于一体的业务事件仓库。庄教授的构想道出了未来会计信息化的发展方向，至今仍有指导意义。杨周南教授在主题报告中引入了信息科学研究会计信息学的理念与思想，拓展了会计学的研究空间。胡仁显教授的主题报告则对会计信息化标准体系的构建进行了探讨，把会计信息化标准体系分为会计信息表达形式的标准（元数据）、中间过渡和终极输出标准、会计信息数据交换的标准（数据接口）和会计信息安全控制标准四部分，并分析了会计信息化标准体系内部各标准之间的关系。这些观点或被证实或至今仍有指导意义。另外，两场辩论赛的辩题"多维视角下的会计信息化"和"企业管理中的内部控制辨析"让人印象深刻。第一场主题涉及观念与思维，即政府有关部门、科研院所、软件厂商和应用企业等从不同视角，就会计信息化的理念、制约信息化发展的障碍和会计信息化发展趋势，以及各主体在会计信息化发展中的作用展开讨论；第二场就企业经营管理过程中内部控制的作用进行辩论。（吴沁红，2009）这些辩论有助于全面分析与审视问题的实质，增进彼此间的沟通与融合，为会计信息化发展开辟了新的思路。这是一届高水平的年会，对后期会计信息化发展具有良好的指导意义。

2010 年 5 月 22 日至 23 日，第九届全国会计信息化年会在上海国家会计学院举行。作为政府代表，应唯副司长做了"加强理论与实务互动，把握未来发展方向"的主题报告，就信息技术对会计的影响进行了深入思考，认为会计与信息技术之间的关系不仅是会计对信息技术的利用，更是信息技术反过来对会计理论、方法、手段、角色、地位、功能的深刻影响，并提出"会计职业转型"的概念，同时指出我国政府相关部门在努力总结和持续关注会计信息化的发展情况及未来走向，成为会计信息化发展的一大推手。另外，会议还对财务管理信息化、XBRL 分类标准与财会信息资源元数据的关系、会计人员 IT能力构架、会计信息化标准体系建设与应用、内部控制与 IT 风险管理、会计信息化人才队伍建设等方面问题进行了讨论。（吴沁红，2010）这些问题几乎贯穿以往每届年会，可见，会计信息化的建设与发展虽然是一个长期的过程，不同学者、不同企业等在不同时期关注的重心各不相同，但是也有一个共同的指向：逐步完善会计信息化体系及其应用条件，助推会计转型。

　　2011年7月9日至10日，第十届全国会计信息化年会在山西太原隆重举行。会议同样以"交流、协作、创新、发展"为宗旨，采用主题演讲、高层论坛、辩论会与小组讨论等形式，对会计信息化理论与实务进行深入研讨。会议讨论最核心的问题是会计信息化标准体系建设与 XRBL 应用。另外，还讨论了内部控制与 IT 风险管理问题、会计信息化应用与实施问题、会计信息化人才培养与教学改革问题及煤炭行业会计信息化发展与应用问题。大会主题报告中，杨周南教授分析了时代经济发展热点与信息技术的关系，指出 21 世纪 IT 应用的几个重大突破是云计算、物联网、网域和智慧地球。（吴沁红，2011）本书作者一直有个疑问：我们是不是太关注技术而就技术论技术，而对这些技术究竟如何具体或者是不是在本质上影响了会计的讨论却很少，似乎"往往是顶了天却忘记立地"。

　　2012年4月14日至15日，新一轮信息化浪潮下会计信息化：使命、挑战、展望——第十一届全国会计信息化年会在安徽马鞍山隆重举行。会议围绕会计信息化标准体系建设及应用、内部控制与 IT 风险管理、会计信息化人才培养与教学改革及会计信息化应用等问题展开了热烈讨论。大会的主题报告中，庄明来教授提出把会计信息系统标准化建设分为三步：第一步是建立以产出高质量财务信息为主的标准化体系；第二步是建立以产出财务业务一体化信息为主的标准化体系；第三步是建立以产出供不同信息用户自行加工的业务事件信息为主的标准化体系。另外，本次会议的一大特点是多个精英分享了会计信息化应用案例中的经验，也提出了困惑和难点。最后，大会对新一轮信息化浪潮下会计信息化未来的发展方向和研究热点、历史使命与当下面临的挑战进行了讨论。（吴沁红，2012）

　　2013年5月18日至19日，云计算、会计信息化转型与 IT 治理——第十二届全国会计信息化年会在北京理工大学召开。会议围绕"云计算大数据影响会计信息化，进而影响公司治理结构"主题，通过主题演讲、分组专题讨论、高层论坛等形式展开深入研讨。（陈宋生、张永冀和刘宁悦等，2013）根据研讨，信息技术处于不断发展中，对会计、会计信息化、企业管控产生了积极影响，其间 IT 治理概念被提出，学者们畅所欲言，观点是仁者见仁智者见智，但参会人员知道，只有回归会计的本源，才能真正抓住实质。

2014 年 6 月 21 日至 22 日，第十三届全国会计信息化学术年会在山东烟台召开。在大智移云的时代背景下，会议以"继往开来开创会计信息化新时代"为主题，采用主题演讲、分组专题讨论等形式，对会计信息化理论和实务进行深入研讨。（刘勤、常叶青和刘梅玲等，2014）XBRL 相关议题一直是近几年来会议的讨论热点，而自我国 2011 年实施 XBRL 至本次会议日已有 4 年，其始终处于试点状态。本书作者一直以来并不赞成这种另起炉灶的方式，原因是难度大、成本高、无替代方案及缺乏企业内在动因驱动。管理会计信息化问题近几年也成为会议热点，这是会计信息化逐步走向成熟的标志，是核算成熟后向管理拓展的必然趋势，但对于管理会计的定位、内涵、边界等基本问题仍然有待商讨。会计信息化教学、内控信息化是需要持续研究、持续关注的问题；而新技术——大智移云，将改变整个商业环境、社会生态，必然影响而且将应用于会计领域，这值得我们探索。另外，本次会议中出现了较多对审计信息化问题的探讨。

2015 年 8 月 8 日至 9 日，第十四届会计信息化学术年会在哈尔滨召开。会议收到交流论文 89 篇，围绕"管理会计信息化：新理论、新实践、新未来"主题，采用主题演讲、分组专题讨论、辩论赛等形式，对"互联网＋"时代的会计信息化理论和实务，特别是管理会计信息化的理论、实践和发展进行深入探讨。（毛元青和刘梅玲，2015）与会者认为，管理会计与财务会计是不同的，在"互联网＋"时代，管理会计信息系统的创新体现在体系方法和技术工具上。体系和方法为管理会计之魂，其创新将引领管理会计的变革和创新，技术工具是伴随体系方法的优化而逐步丰富的，而在当前的 IT 环境下，技术工具创新对管理会计信息系统具有更强的推动力，更有利于管理会计信息系统的落地。

这种认识无疑是理性的、正确的，有利于搞清楚什么是"道"、什么是"术"的问题。另外，会议还对云会计、XBRL、会计信息化发展等问题展开了讨论。

2016年8月13日至14日，中国会计学会第十五届会计信息化学术年会在温州商学院召开。会议采用主题演讲、分组讨论、辩论赛等形式，对"互联网+"时代的最新技术在财会领域的运用及其对会计转型升级产生的影响展开深入探讨。（孙玉甫和刘梅玲，2017）此次会议的重心是新技术的运用对会计、财务、审计等方面的影响，每项技术各有特点，影响各不相同，本书作者认为需要全面衡量其应用条件及成本，个别场景的应用并不能代表具有广泛的应用价值。另外，学者还对会计转型、财务共享、会计资料无纸化、XBRL、审计信息化等问题展开讨论，这些问题都会制约信息技术在会计中的应用水平。会计信息化本身就是一个系统工程，木桶短板理论是其基本特征，信息技术对会计的提升应该是全方位的。

2017年7月6日至7日，中国会计学会第十六届全国会计信息化年会在上海财经大学会计学院召开。澳大利亚悉尼大学琼斯（Stewart Jones）教授、上海财经大学会计学院院长李增泉教授、德勤分析学院主管赵文华等专家学者以"智能化驱动下的会计发展与变革"为主题分别做了报告。与会代表就"财务会计与管理会计信息化""会计信息化教学和人才培养"等议题进行了分组研讨。这次会议的一大亮点是会计信息化专业委员会刘勤教授代表发布了"2017影响会计从业人员十大信息技术"评选结果。随着人们对信息技术影响会计的关注度越来越高，信息技术究竟引导会计往何处去？会计的未来是什么？怎么变革？值得我们思考。

2018年7月7日至8日，中国会计学会第十七届全国会计信息化年会在中央财经大学召开。来自理论界与实务界的150余名代表参加了会议。该届年会以"智能财务：理念、技术与应用"为主题，相关专家学者做了"财聚天下，智汇未来""人工智能区块链与会计信息化""科技激活财务管理新世界"等主题报告。刘勤教授代表发布了"2018影响会计从业人员十大信息技术"评选结果。大会还组织了"区块链对会计是否有颠覆性影响"辩论赛。（李立成和刘勤，2019）另外，大会还设两个圆桌论坛和四个分论坛就会计信息化教育与人才培养、信息技术对从业人员的影响、大数据人工智能下的会计信息化、管理会计与审计、会计教育与实践应用、财务共享与 XBRL 进行了研讨。可见，大会越来越重视实务界人士的参与，重视理论界与实务界的交流合作。

2019 年 7 月 5 日至 6 日，中国会计学会第十八届全国会计信息化年会在桂林电子科技大学举行。会议采用主题演讲、分论坛讨论形式，围绕"数字经济背景下的财务创新"主题，研讨数字经济环境中的财务创新与财务转型问题。王世定教授在主题演讲中提出，信息技术改变人类社会与企业流程，但会计的本质和职能依然不会发生改变。王勇教授认为，大数据技术的特征决定了现今处理大数据所需的能力，超越了企业现有 IT 的数据解决能力，这对数据的存储、计算、管理与分析能力提出了巨大的挑战。汪家常教授探讨了我国政府会计信息化整体水平较低的问题，指出主要原因在于政府管理方式特殊，会计制度目标不一，政府内外部数据资源非标准化，政府资金管理的复杂性等。还有许多学者针对内部审计信息化、财务共享选址、XBRL、内部控制、智能财务、会计教育等问题阐述了观点。（李闻一、于文杰和李菊花，2019）本书作者认为，信息技术应用既改变了会计服务的商业环境，也改变了自身的环境，在为会计提供先进生产力的过程中，无疑会影响会计及本身各种关系。我们不能忘记会计之本，否则容易模糊会计边界、会计本质。正如陈志斌所说，"会计不再是会计，会计依然是会计"，我们需要辩证地看待信息技术对会计的影响。

2020 年 9 月 18 日至 19 日，中国会计学会第十九届全国会计信息化学术年会在华中师范大学召开。会议围绕"智能财务赋能经济高质量发展"主题进行了深入研讨，具体从新技术赋能经济高质量发展、智能财务赋能企业价值创造、智能财务赋能政府服务提升、财务共享赋能企业价值创造、智能审计赋能经济高质量发展等不同角度展开。（胡仁昱、刘勤和邱穆青等，2021）这场会议契合了社会热点，但本书作者认为这些似乎跳出了会计圈，对什么是智能财务，如何构建智能财务，智能财务与会计信息化是一种什么关系，智能财务赋能价值创造的逻辑是什么，这些基础问题却很少探讨。同时，是不是有些过分扩大信息技术的影响力，会计究竟将走向何处，未来会计将是什么样的等问题也值得进一步探讨。

2021年7月18日至19日，中国会计学会第二十届全国会计信息化学术年会在华东理工大学召开。会议采用主题报告、分论坛学术报告和圆桌讨论等形式，围绕"会计信息化——从电算化到智能化"主题进行了深入研讨。具体探讨的内容包括：会计信息化和标准化建设、会计信息化前沿技术应用、数字化与企业财务转型、智能化与企业高质量发展、平台化和财务共享服务、一体化和业财融合、会计信息化教学与人才培养等。大会研讨的内容极为丰富广泛，但对智能化、数字化、信息化的内涵及它们相互之间的关系仍未形成统一的认识，这些概念与信息技术的应用水平、融合水平密切相关，其中信息化有时给人一种"盲人摸象"的感觉。但不管如何论述，信息技术无疑改变了会计，使会计内涵变得更为丰富，会计职能得以延伸与深化，会计无疑升华了。

2022年7月16日至17日，中国会计学会第二十一届全国会计信息化学术年会在重庆以线上线下相结合的形式召开。会议以"新发展理念下智能会计的创新与应用"为主题，研讨智能会计的前沿技术、创新发展和实际应用等系列问题，来自各大高校、软件公司、财经媒体的150余位专家学者线下参会，近8万人次通过直播平台线上参会。会上，参会人员更多地讨论智能会计问题，却没有形成一个比较权威的定义。本书作者认为，智能会计的核心在于会计人的智能，人工智能的"智"与"能"来源于人，我们是不是过于迷恋信息技术了？

2. 会计信息化年会的总结

从第一届会计电算化（会计信息化）年会开始到2022年度第二十一届为止，每一届年会都有明显的时代特征，都与当时信息技术的发展状况密切相关。现今，信息技术越来越快速地应用到会计领域，并赋能会计持续地变革发展。回观历史，一方面，会计早已不是原来的会计，但仔细想想，会计的本质并没有什么改变，仍遵循着从低级向高级发展的规律，以更好地实现会计的价值。另一方面，当我们在赞叹信息技术对会计带来变革、会计越来越智能化的时候，考虑了信息系统构建越来越复杂，投入、运行和维护成本是不是越来越高，边际收益是不是越来越低，投资回报率如何？如果没有，信息技术还会助推会计发展吗？未来我们会计人将立于何处？从理论上而言，只要信息技术发展到足够智能，包括职业判断、分析、控制、决策活动都可以实现完全自动化的智能会计时代必然会来到，它将取代会计人的一切活动。这个时候，会计人基本就消失了，但控制会计的人仍然存在，会计本身仍在运转。这也许正是会计的未来和未来的会计。

作为会计人，面对信息技术影响，在庆幸其带来的高效、便利及自我价值提升的同时，职业胜任压力越来越大，因此我们需要学习更多的知识，需要持续不断地学习。我们一直在路上前行。

（二）信息技术影响会计从业人员的维度综述

1. 影响中国会计从业人员的十大信息技术评选回顾

影响中国会计从业人员的十大信息技术评选活动开展于 2002 年。2002 年 2 月 27 日，为了解中国会计行业信息技术的实际应用水平，引发会计从业人员对 IT 知识的关注，推进 IT 知识在会计行业内的普及，上海国家会计学院发起并主办了中国首届"影响中国会计从业人员的十大 IT 技术"评选活动。按照专家权重 65%、公众权重 35% 的统计方法，汇总得出最终的评选结果是：①会计核算与财务管理软件；② ERP；③数据 / 信息安全与控制；④数据库技术；⑤网络与计算机安全；⑥计算机辅助审计；⑦计算机病毒与防治；⑧数据备份与恢复；⑨企业网技术；⑩制表软件与电子表格。2003 年正是会计电算化普及并向会计信息化转变时期，上述技术也正是会计信息系统本身及应用过程中的关联因素，直接或间接影响着会计从业人员，与会计从业人员的工作存在着密切的关系，而且将在相当长时间的保持着这种关系。这是一次高水平的评选活动，反映了当时信息化水平和会计人员信息技术应用实际状况。之后十多年再没有进行这种评选活动也许正是因为这次评选活动的前瞻性和信息技术应用水平的基本稳定性。

2017 年，上海国家会计学院再次发起评选活动，并将结果公布在第十六届会计信息化年会中。这次评选的影响中国会计从业人员的十大信息技术是：大数据、电子发票、云计算、数据挖掘、移动支付、机器学习、移动互联、图像识别、区块链和数据安全技术 。与第一次评选结果不同的是，本次评选的影响会计从业人员的十大信息技术完全颠覆了以往的技术，是十大不同的新技术，尤其排第一位的是大数据，有些让人无法理解。大数据对会计无疑会产生一些影响，但更多的是辅助性影响，尤其对审计，但对大多数会计从业人员的影响甚少。这次评选缺乏一定的客观性，理性略显不足，很难体现信息技术在实践中真实的应用水平。之后几年的评选再也没有将大数据列入就是一个佐证。而排名第二的电子发票，由于强技术性和虚拟性给存储、管理带来一系列挑战。

2018 年影响中国会计从业人员的十大信息技术评选结果是：财务云、电子发票、移动支付、电子档案、在线审计、数据挖掘、数字签名、财务专家系统、移动互联网、身份认证。

2019 年影响中国会计从业人员的十大信息技术评选结果是：财务云、电子发票、移动支付、数据挖掘、数字签名、电子档案、在线审计、区块链发票、移动互联网及财务专家系统。

2020 年影响中国会计从业人员的十大信息技术评选结果是：财务云、电子发票、会计大数据技术、电子档案、机器人流程自动化（Robotic Process Automation，RPA）、新一代 ERP、区块链技术、移动支付、数据挖掘及在线审计。2020 年潜在影响会计从业人员的五大信息技术分别是：区块链电子发票、数字货币、物联网与自动化物件、第五代移动通信技术（5G）及分布式账本。

2021 年影响中国会计从业人员的十大信息技术评选结果是：财务云、电子发票、会计大数据分析与处理技术、电子会计档案、RPA、新一代 ERP、移动支付、数据中台、数据挖掘、智能流程自动化（Intelligent Process Automation，IPA）。

从 2018 年到 2021 年的评选结果看，财务云、电子发票一直稳居前两名，移动支付、电子档案、数据挖掘都位列其中，在线审计于 2018—2020 年位列其中，移动互联网、区块链、数字签名、数字货币、会计大数据技术、新一代 ERP、数据中台、RPA 等在不同的年份中位列其中，这些选择与信息技术的发展、应用状况及时代热点特征存在密切关系。至于这些技术是不是真的能在会计行业中推广应用或能应用到什么程度，还需要打个问号。我们的想象永远比实践应用走得更深更远。

2022 年 7 月 30 日，影响中国会计从业人员的十大信息技术评选结果发布。十大信息技术分别是：财务云、会计大数据分析与处理技术、流程自动化（RPA 和 IPA）、中台技术（数据、业务、财务中台等）、电子会计档案、电子发票、在线审计与远程审计、新一代 ERP、在线与远程办公、商业智能。2022 年，五大潜在影响技术依次为：金税四期与大数据税收征管、业财税融合与数据编织、大数据多维引擎与增强分析、机器人任务挖掘与智能超级自动化、分布式记账与区块链审计。

与往年相比，2022 年的评选结果有一些新变化值得重点关注：第一，在线办公和远程办公、商业智能第一次位于十大信息技术之列。第二，中台技术（数据中台、业务中台、财务中台）已连续两年入选其中。这类技术的特点是，可以打破不同系统之间的信息壁垒，实现信息的高度共享和实时管控。第三，2020—2022 年产生的几项与信息安全相关的候选技术（例如数字签名、数据治理、信息安全与隐私保护等），都没有进入十大信息技术之列，而在 2020 年之前，数字签名（数据安全技术）连续入选，这是不是说明业内这几年信息安全方面，有大的提升因而不再有较高的关注度和重视程度，还是存在其他问题？

2. 影响中国会计从业人员的十大信息技术评选结果的评述

从上述影响中国会计从业人员的十大信息技术评选结果看，无论是理论界还是实务界，都非常关注信息技术的发展及其给会计可能带来的影响，使我们时时能紧跟信息技术发展的步伐，并利用其优势推进在会计中的应用，助推会计持续发展。然而，随着信息技术应用的不断拓展深入，会计究竟走向何方，我们是否过度关注于信息技术问题而忽略了会计本身，需要我们冷静思考。会计与信息技术如何融合，融合到什么程度？会计实现全面流程化、自动化、智能化后，还需要专门的会计吗？未来会计还存在吗？会计会实现"作茧自缚"后"化茧成蝶"的升华吗？本书作者一直强调一点，我们要学会"两条腿走路"，一方面，要跟随信息技术的发展并将其应用于会计、造福于会计；另一方面，会计服务于业务，服务于企业战略，因此我们更需要这方面知识的支撑。否则，智能会计只是空中楼阁。

第五节　信息技术助推会计变革升华

　　会计本身是一项数字化工作，以特有的方式反映交易或经济事项的过程和结果。信息技术从数据的产生、采集、存储、加工处理、输出传送等各环节影响会计系统，并彻底改变了会计环境和技术方法，推动会计各方面的变革，使会计发展进入一个又一个的崭新阶段，实现了从以核算为主向全面参与管理的转变。信息技术使会计全方位蜕变，从简单到复杂，从低级到高级，实现了会计价值的提升。我们完全可以自豪地说：会计实现了升华，信息技术助推会计理论、会计实务、审计、会计职业、会计教育各方面实现了升华。

一、信息技术助推会计理论升华

　　信息技术改变了交易、结算等的商业环境，依据传统商业环境构建的会计理论、会计假设及会计方法必然要进行适应性调整与变革。信息技术不仅对财务会计理论，如会计目标、会计假设、会计基础、会计原则、会计对象等产生积极影响，还在会计融合信息技术的过程中推动了管理会计体系、管理会计工具及管理会计方法的有效应用与创新，形成了如 ERP 系统信息化、财务共享等一些新的理论。信息技术的赋能不仅助推了财务会计理论的发展和升华，更是助推了管理会计理论的变革和升华。

二、信息技术助推会计实务升华

　　信息技术的赋能彻底改变了传统会计实务工作。作为传统会计实务主要工作内容的核算与监督，逐步被程序化的"暗盒"所替代。网络化、平台化成为会计人员的主流工作方式，并突破了时空的限制，而电子发票、云财务、财务机器人等彻底改变了会计人员的工作重心，对会计、业务、外关联数据的分析、解读、应用已成为或将成为会计人员的主要工作内容。传统会计的工作场景已成为历史，再难寻觅，可见信息技术环境下的会计实务内容发生了天翻地覆的变化。信息技术助推了会计实务在会计系统的设计（建账）、运行（做账）、内部控制及维护管理（管账）、财务管理等方面的变革与升华。

三、信息技术助推审计升华

审计的核心工作是取证并据此得出审计结论。与会计、财务工作相比，其重心在于监督和评价。信息技术改变了审计环境、审计对象和审计方式方法，并通过赋能审计，给审计人员在获取审计数据、复核数据分析、取证等方面带来极大的便利，从而实现效率的提升。尤其是大数据技术的应用极大提升了审计人员的审计能力并使审计工作升华到一个新高度，成为我国治理体系的重要组成部分。同时，信息技术使审计环境变得复杂，使审计难度加大，使"假账真审"的风险增加。综上所述，信息技术影响了审计环境、审计理论、审计实务及审计职业等各个方面，且通过赋能，提升了审计能力，拓展了审计领域，使审计发展升华到一个新阶段。

四、信息技术助推会计职业升华

传统会计系统中数据输入、加工处理、存储、输出各环节主要依赖人工完成，会计人员的主要工作就是完成核算与监督过程。这些工作的重复性、烦琐性，使得会计人员的职业成就感、满意度不高。信息技术的赋能改变了会计人员的工作重心，让他们从核算角色转为管理角色，从被动反映历史转向主动监测与分析现在乃至决策未来，会计人员的形象、地位、职业成就感得以极大地提升。信息技术助推了会计职业的升华。信息技术既是赋能，也是对传统会计职业能力、职业胜任等方面的挑战。挑战也是一种机会，使会计职业有了脱胎换骨的改变，实现了会计职业价值的提升。

五、信息技术助推会计教育升华

会计教育除了教授理论、方法等基本知识外，核心价值在于培养学员的未来职业胜任能力。信息技术赋能会计使会计职业的工作内容、技能要求、知识体系等各方面发生持续性改变，在传统会计基础上构建起来的以财务会计为核心的知识体系和能力要求必须逐步向支持管理活动的体系转变，同时高等学校会计教育的理念、课程设置、教学方式、师资建设备方面都受到影响和面临适应性改革。信息技术升华了会计教育的理念、教学能力与教学实践，但也可能因过度重视信息技术而偏离了会计教育的本质，这是我们需要警惕的。

信息技术对会计的影响是全方位的，助推了会计的全面变革与发展。上述是最具代表性的五个方面，下文将分章具体阐述信息技术如何赋能助推会计五个方面的变革、发展和升华。

第二章

多维视角：信息技术对会计的影响

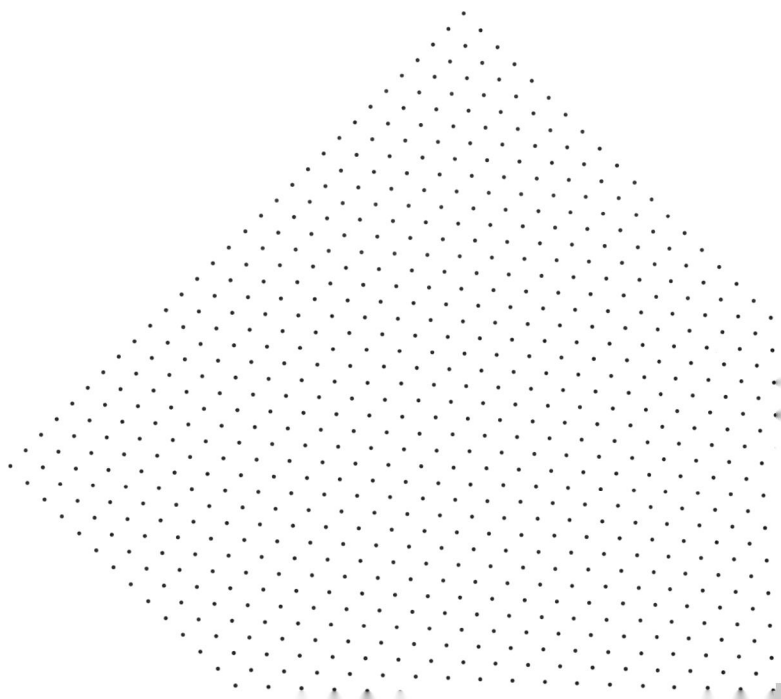

自 20 世纪 50 年代中期计算机应用于会计起算，信息技术在会计中的应用已 70 多年，尤其网络技术的发展与应用，更是深刻影响了会计。信息技术是指用于管理和处理信息所采用的各种技术的总称。不同的视角，对其有不同的理解。从信息技术功能与过程的角度看，我们可以理解其是对信息进行采集、传输、存储、加工、表达的各种技术之和，包括计算机、服务器、网络通信等各种硬件设备和软件工具与科学方法等。信息技术在会计中的应用与赋能，使人们对会计的形象和认知有了彻底的改观，对会计目标的实现程度及会计职能的履行水平有了质的提升，会计在管理中的地位也得到提高，甚至作为一门学科不再受人"轻视"。这里的"赋能"是指赋予能力与能量。信息技术使会计焕然一新。在发展我国高质量经济过程中，会计担负着越来越重要的作用，"经济越发展，会计越重要"给人的体会越加深刻，也使会计本身在理论、实务、职业等各方面都得到了发展甚至升华。这里的升华，根据《现代汉语词典》（第 7 版）的解释，是指事物的提高和精炼。作为一名会计人，深深感受到这升华带来的欣喜和满足感，也为之骄傲。信息技术究竟如何影响并赋能了会计？究竟哪些方面具体影响和赋能了会计？这就需要我们去分析总结，真正理解信息技术究竟是怎样助推会计实现从以核算为主略兼顾管理向核算管理一体化转化。本章将从系统功能维度和职能维度两个角度进行分析。职能维度主要着眼于会计是"做什么"，与会计目标紧密相关；系统功能维度着眼于会计"怎么做"，与会计环境密切相关。会计环境与会计目标是会计的两个本质问题。

第一节　系统功能维度：信息技术对会计的影响

　　信息技术在会计中的应用大致分为会计电算化、会计信息化、会计智能化三个阶段。前面两个阶段发展已经比较成熟，也有相应的理论支持，第三阶段还处于百花齐放、百家争鸣的探索阶段。回顾发展历程，是信息技术逐步改变了会计的系统的环境，从数据的采集输入、加工处理、存储到输出传送的整个过程，导致会计工作方式和工作内容、会计载体、会计管理、会计目标、会计职能等发生了深刻的变化。回顾信息技术对会计系统各阶段的影响，有利于我们更好地理解信息技术如何影响和赋能会计及把握好会计未来的发展方向。

一、信息技术对数据输入的影响

　　输入环节是会计工作的起点。依托于信息技术的电子商务的出现在改变传统商业环境的同时，使交易记录由纸质载体变为虚拟的电子载体，彻底颠覆了传统会计凭证的概念，并为会计高效处理和便利的数据传送提供了条件。从业务数据（字）化到数据电子化，凭证不再需要被分步骤分环节地传递处理，这在会计发展史上具有里程碑意义。在网络通信技术的支持下，会计数据的采集、获取、输入不再受时空的限制，从业务数据变成会计数据不再需要低效、重复的劳动付出。电子发票可以被直接设定转为会计数据，实现从业务数据转为会计数据的业务会计一体化。这就是信息技术赋能会计系统，让输入环节产生的变化：在传统会计时代耗费大量时间和精力的会计输入环节实现了可流程化，并进一步突破时空的限制实现及时高效的集中化核算和集中化管理，最终为智能财务和决策系统的实现提供了支持。

随着大数据、人工智能技术的发展，数据来源呈现动态实时化趋势。在会计信息化阶段的会计数据多为 ERP 等系统内部的结构化数据，而互联网、移动设备的普及，会生成大量动态实时的数据，这些数据很多是非结构化的，但利用新的输入及识别技术，可以为企业提供有关消费者、供应商、产品状态等管理方面的信息，为企业的财务及运营提供支持。另外，信息技术的发展导致大量数据产生，并造成超载，给数据采集带来挑战，因此我们必须提高对数据的认知与管理能力。

二、信息技术对数据加工处理的影响

数据的加工处理是会计的核心环节，在传统会计中是最重要也是工作量最大的工作。应用信息技术，可以轻松地处理这一核心工作，根本性地改变了会计人员重复、机械、烦琐的职业命运。计算机系统强大的数据处理能力，不仅使会计的核算速度、核算质量等得到显著的提升，而且可以进一步融合管理学、统计学、经济学等学科知识进行数据挖掘分析，使会计是一种管理活动不再是梦，而是切切实实地融入企业的管理活动，会计形象、会计地位得到了极大的提升。在信息时代，会计数据的处理可分为两个层次：第一层次是适应财务会计的要求完成核算工作，对于这部分工作将进行全面流程化管理；第二层次是适应管理和决策要求，一方面将核算方法融入日常管理中，做好业财融合工作，另一方面要发挥会计人员的专业知识优势，主动进行数据挖掘分析，以构建智能财务、决策系统创造价值。

三、信息技术对数据存储的影响

存储是一个系统的基础，无论是数据的连续处理还是数据的再现表述都离不开存储。存储涉及存储的内容和存储的方式。在传统会计时代，纸介质以安全、稳定、可靠、不易篡改的特点受人信赖，而专用性、容量低、占用空间大、使用不方便则是其劣势。相比较，信息时代的磁介质、光介质，以文件形式存储，在网络通信技术的支持下，方便、快捷、容量大、可共享、效率高是其优点，而稳定性、技术性、安全性维护要求高是其不可忽略的方面。传统会计时

代的纸介质限制了会计数据应用范围，使用极不方便，会计信息更多是一种"孤岛"。而在信息技术支持下的信息时代，电子（无纸）化、共享化、集中化存储为数据的应用提供了极其便利的条件，从而使会计信息有了更高的使用价值，其价值得以体现，再一次诠释了信息技术助推会计的升华。离开存储介质的电子化、无纸化、虚拟化，离开存储技术的支持，会计信息化、财务共享、智能化等将无从谈起。

四、信息技术对数据输出及传送的影响

输出是系统的目的与归宿，涉及输出的内容和形式。在传统会计时代，受制于数据处理能力，输出内容是标准化的，指标比较概括和粗糙，难以满足精细化管理的要求，输出方式是纸介质的传递，传送速度慢，难以共享。在信息技术赋能下，输出的内容更加丰富，指标更加细化，能做到实时输出与传送，接收人也能及时接收与处理，而且成本极低。尤其对于跨国公司和集团企业，便利性和优越性更为明显，为集中化管理、信息化、财务共享的变革创造了条件。信息技术助推了会计在管理中价值和效率的提升。

五、信息技术助推会计系统功能的升华

从上述会计系统的基本功能分析可以看到，信息技术改变了从会计数据的采集与输入到数据的加工处理的能力与方式，再到数据的存储和数据传输及表述方式，极大提升了会计系统的功能，许多曾在传统会计时代无法完成或无法实现的工作在强大的信息技术的支持下变得可以轻易实现或完成。信息技术的应用不仅可以实现业务会计一体化，提供高质量的财务报告，还为数据的挖掘、管理和应用提供了基础与通道；不仅解放了会计人员，为会计职业打开了抬升的空间，也为会计的价值创造开启了大门。因此，我们完全可以说，信息技术赋能提升了会计系统的功能，助推会计实现了升华。

第二节　职能维度：信息技术对会计职能的影响

职能，按《现代汉语词典》（第 7 版）的解释是"人、事物、机构应有的作用"。会计职能是指会计这个职业或会计本身在经济管理过程中所具有的功能。马克思将会计论述为"过程的控制和观念总结"，可以理解为从职能角度对会计本质的阐述。会计职能与会计目标密切相关，无论是我国的会计法、基本会计准则，还是美国或国际会计准则，很少阐述会计职能这一概念，而更多提及的是会计目标。通常认为，会计具有会计核算和会计监督两项基本职能，还具有预测经济前景、参与经济决策、评价经营业绩等具有管理属性的拓展职能。本书作者认为，核算和监督本身是一种管理手段，属于管理范畴，则也是一种管理活动。会计从来就是一种管理活动，只是因为业务的日趋复杂和专业分工的需要被分离出来作为一种独立的职业活动，其本质仍然是一种管理活动。信息技术的应用极大改变了会计生态环境，随着信息技术应用的深化及新一代技术如人工智能技术的发展和在会计中的应用，会计的复杂性和专业性将因内化而不再是问题，因为作为会计最为标志性特征的核算与监督工作被流程化、自动化后，会计人员已经不是我们原本认知意义上的会计人员，而可能被赋予一种新的职业名称——数据工程师，从事数据的管理、分析及应用工作。此时，会计职能将发生重大的转移，会计人员将成为真正意义上的高级管理人而不是原本意义上为管理作嫁衣的初级管理人。从这个意义上讲，会计职能实现了升华，即信息技术助推会计实现了升华。

一、信息技术对会计核算职能的影响

会计核算是传统会计中最基本最重要的职能，它贯穿于经济活动的整个过程，占据了会计工作的大部分时间，又称反映职能。按百度百科的定义，会计核算是指以货币为主要计量单位，通过确认、计量、记录和报告等环节，对特定主体的经济活动进行记账、算账和报账，为相关会计信息使用者提供决策所需的会计信息。记账是指对于特定主体的经济活动，采用一定的记账方法，在账簿中进行登记，以反映在账面上；算账是指在日常记账的基础上，对特定主体一定时期内的收入、费用、利润和某一特定日期的资产、负债、所有者权益进行计算，以算出该时期的经营成果和该日期的财务状况；报账就是在算账的基础上，将特定主体的财务状况、经营成果和现金流量情况，以会计报表的形式向有关各方报告。在传统会计中，记账、算账和报账这些烦琐的工作都需要会计人员以低效的手工劳动来完成，耗费了会计人员的大部分时间和精力，会计人员的价值只能体现在这些劳动成果中。信息技术的应用极大改变了这种状况，无论是在算账的速度、准确度方面，还是在算账质量、信息的颗粒度、信息的时效性方面都有了质的提升。对于一些信息技术应用基础较好的单位，会计核算基本上实现了流程化、自动化，核算工作基本上被信息技术所替代。据长虹集团公司介绍，其核算类基础岗位会计人员占总体会计人员的比例已经不足 10%，而且这些人员只是做一些核算辅助性工作。在一些信息技术应用水平相对较低的单位，凭证的编制虽然可在财务软件上完成，但其会计确认、计量等工作主要通过人机对话来实现，限制了信息技术应用水平的提升。即便如此，大量的记账、算账、报账工作仍然主要由程序来处理，会计核算工作量大幅度降低，信息技术虽然没有根本上替代会计人工活动，但也替代了绝大部分。近些年出现的财务机器人几乎替代了整个会计核算工作，颠覆了会计核算的职能。

信息技术对会计的影响不仅仅体现为对会计工作量的替代，更表现为核算质量的大幅度提升，表现为会计信息质量和价值的提升。在传统会计时代，受会计人员数据处理能力的限制，会计核算只能粗糙地进行，即会计核算不能细化，表现为会计科目设置层级少，无法提供精细化信息，信息价值低，难以为管理提供有力的决策信息支持。信息技术强大的数据处理能力，为会计的精细化核算提供了充分的支持，大大丰富了会计个性化信息，而且可以结合管理需求，将核算与管理工具和方法结合，为管理控制决策提供直接支持。可以毫不夸张地说，信息技术对核算职能的影响是信息技术对会计产生影响的基础。正是因为信息技术从会计核算中解放了会计人员，才会推动着信息技术对会计纵深的影响，推动会计职能重心、会计目标的转移，推动会计职业、会计教育、会计审计等各方面的变革。我们完全可以说，正是信息技术赋能会计核算推动了会计职能的升华，推动了会计职业的升华，推动了会计全面的升华。

二、信息技术对会计监督检查的影响

会计监督与会计核算是会计的基本职能，两者相伴相生，这是会计的性质决定的。会计的监督职能也称控制职能。参照百度百科的定义，它是指会计人员在进行会计核算的同时，对特定主体经济业务的真实性、合法性和合理性进行审查的功能。任何经济活动都要有既定的目标，依照一定的规则进行。会计监督通过审核、检查、分析、控制和考评等具体方法，促使经济活动按照既定的要求运行，以达到预期的目的。会计监督与会计核算一样，都是服务于管理，"没有规矩不成方圆"，但有了规矩还需一定的机制予以保障实施。会计监督贯穿于企业生产经营的整个过程。在传统会计时代，会计监督主要通过人工审核、分析检查、内部审计、评价等方式来实施，而且以文件、制度等形式予以规范，从而作为监督检查的依据。在信息技术应用水平日益提升的今天，会计处理的程序化、流程化、自动化，使许多传统监督的场景逐渐消失或被程序监督所代替，监督的环境已经发生根本性改变，监督的手段、方式也随之发生了根本性改变，远程监督、实时监督、程序化监督成为主流形式。信息技术对会计监督的影响日益深入，如区块链技术的分布式记账几乎使传统的大量的审核监督工作不再被需要，控制更多采用程序化方式，分析检查成为重要的方式。对于会计界、会计人员而言，这种监督内容和方式的改变，是一种极大的劳动解脱，使会计人员从日常低效的审查、核对工作中解脱出来，因为会计核算中很大一块工作内容是会计审核，即对各种单据合法性、真实性进行没完没了的审核，而这种工作是极其必要的，是把好会计信息质量关最重要的一环。会计监督的这种改变毫无疑问促进了会计人员工作效率的提升、工作重心的转移、会计价值创造能力的增强，提升了会计人员对职业的自豪感。然而，在目前各单位信息技术应用水平参差不齐、社会信息化程度普遍不高的情况下，信息技术变革也带来许多尴尬和麻烦。比如电子发票的出现，从理论而言，对提升会计信息化水平具有良好的支持作用，然而由于各单位缺乏对电子发票存储及会计档案管理可行的制度安排，不得已采用纸介质形式处理电子发票，不仅电子发票的优势无法发挥出来，而且带来一系列问题，如发票的重复报销、审核难度加大、报销成本增加等，许多财务部门甚至比之前更加忙碌。因此，信息技术是一把双刃剑，应用得好，可以升华会计，但是不能适应的话不仅不会带来会计价值的提升，甚至会带来一系列负面影响，导致监督难度增加、监督风险增大，最后增加了会计风险。因此，会计信息化是一项系统工程，需要政府、企业、个人以至全社会共同努力来构建一个良好的信息化生态环境。否则，一些单位可能因信息技术应用的技术性强而受到反噬，造成会计管理工作不到位、会计信息质量下降和会计风险增加。无论如何，信息技术增强了各类会计人员进行会计监督的能力，无论是分析能力、检查能力、控制能力还是为考评提供依据的支持能力，极大提升了效率；不仅应用大量程序化监督代替人工审核，而且可以跨时空实现全天候的监督，增强了监督的威慑力。综上可知，会计监督工作在信息技术的支持下跃上了一个新台阶。

三、信息技术对会计管理职能的影响

会计本身是一种管理活动。这里讲的管理活动是指除会计核算与会计监督以外的职能，是指狭义的管理会计的职能。管理会计，简单地说，就是为管理活动提供服务的会计，或称为内部会计。美国《管理会计公告》对管理会计的最新定义为："管理会计是一种深度参与管理决策、制定计划与绩效管理系统、

提供财务报告与控制方面的职业知识以及帮助管理者制定并实施组织战略的职业。"信息技术如何影响会计的管理职能？从哪些方面影响会计的管理职能？这与我们如何理解会计的管理职能相联系，而会计的管理职能又与我们对管理职能的理解密切相关。管理的职能最早由法国管理学家法约尔在 1916 年所写的《工业管理与一般管理》一书中提出，他认为，管理就是实行计划、组织、指挥、控制和协调。后期，大量学者在此基础上补充或细分了一些职能，如1937 年，美国管理学家古利克提出了包括计划、组织、人事、指挥、协调、报告、预算在内的管理七项职能理论，强调人的重要性；20 世纪 60 年代，西蒙等人在解释管理职能时，突出了决策职能，认为决策贯穿于管理过程的各个方面，管理的核心是决策；美国学者米和希克斯在总结前人对管理职能分析的基础上，提出了创新职能等。虽然在法约尔之后，众多学者基于社会环境的新变化，对管理的职能进行了不同角度的进一步探究，形成了许多新的认识，但就本质而言，当代管理学家对管理职能的划分，大体上没有超出法约尔提出的范围。会计在管理中的核心作用应该是信息的供应，无论是早期的计划、组织、指挥、控制和协调职能，还是后期提出的决策、评价职能。早期缺少信息技术支持的会计由于数据处理能力的限制，只能局限于信息的生产环节，无法也无能为力再进一步挖掘和开发数据资源的价值，而信息技术的赋能大大改变了会计的工作环境与条件，会计人员的工作内容完全有条件向管理各环节延伸，甚至直接从事原本管理者的管理工作，因为，信息是一切管理职能实施的基础。会计职能向管理职能的延伸，使部门会计人员直接担任管理者的角色，较之依赖于会计辅助而从事管理的管理者具有更多的优势。

结合管理的职能，会计的管理职能大体上可以归为两类：第一类与决策相关，是关于做什么、怎么做的问题；第二类与控制相关，是关于保障怎么做到怎么做好的问题。前者包括经营预测、短期经营决策、长期投资决策，如量本利分析、生产预测分析、成本预测分析、项目投资决策分析；后者包括预算管理、责任会计、绩效评价等等。所有上述管理职能在信息技术的支持下，都可以高效且相对低成本地实现，这给会计人员提供了极大的施展空间，并且拓宽了会计人员的工作范围，极大提升了会计人员的价值。如信息技术为各个部门、各分（子）公司间提供了极其便利的信息沟通、协调机制，提供了极其丰富且精细化的责任信息，提供了极其强大的数据处理查询能力，使全面预算管理得以实现。因此，信息技术对会计管理职能的影响是根本性的、全方位的，信息技术对会计最根本性的影响就是会计管理职能得到全面的实施，会计价值得到最大限度的发掘和实现，并为会计未来的回归管理而不是当前的专业分离提供动力。

四、信息技术对会计控制及会计审计的影响

这里讨论的控制是管理学意义上的控制，并基于控制的特殊性与重要性而单独讨论。按照百度百科的解释，控制就是检查工作是否按既定的计划、标准和方法进行，发现偏差后分析原因，进行纠正，以确保组织目标的实现。控制职能几乎包括了管理人员为确保实际工作与组织计划相一致所采取的一切活动，自然包括会计监督意义上的会计控制。会计控制是会计的一种重要职能，是经济控制中的一部分，其目的在于尽力保障预期内经济目标的顺利实现。所谓会计控制，主要是指通过会计工作，运用会计特有方法，采取政策、制度定额、计划、标准责任和流程等控制方式和手段，对企业经济活动或资金运动进行监督、调整的过程。会计控制又分为内部监督的会计控制和外部监督的审计控制。会计控制是一个过程，它分为事前控制、事中控制和事后控制。在传统会计时代，会计控制更多的是事后控制，事前和事中的控制更多是管理意义上的职能，因为传统意义上主要依赖人工来实现控制，当时的技术水平很难支持这一方面的工作。信息技术的应用彻底改变了这种现状，信息技术强大的数据处理能力与利用其进行实时传输和交流反馈的便利性，极大拓宽了控制应用的场景和最大限度地发挥了控制的作用，控制不再是"亡羊补牢"，而是一种"未雨绸缪"。而且这种控制大多可实现程序化、自动化，既减少了人员成本，又保证了控制的质量。比如对于预算管理控制，只要在系统内设定了预算指标，实际执行过程中对于超出指标或不符合设定的进度支出，系统就会自动警示或拒绝支付，

这减少了会计人员不必要的口舌之争和解释，既提升了预算执行的效率，更体现了一种制度的公平性。

审计属于监督与控制的范畴。对一个组织而言，审计可分为内部审计与外部审计两类。随着审计服务水平的提高，审计职能不断拓展到咨询活动、绩效评价、改善组织内部控制运行质量等方面。内部审计是组织内部一种重要的监督安排，属于会计监督的一部分，它通过运用系统、规范的方法，审查和评价组织的业务活动、内部控制和风险管理的适当性和有效性，以促进组织完善治理、增加价值和实现目标。在传统会计时代，只能采用现场抽样审计，方法简单，涉及范围相对较小。对于分支机构众多、经营分散的集团企业，内部审计的成本比较高，效率相对较低。信息技术的广泛及深度应用大大拓展了内部审计的渠道和方式，丰富了审计技术和方法，如在线联网审计可以不受时空的限制，实现了随时全过程的审计；大数据技术的应用可实现全面审计；通过程序化的设计可以实现自动审计，并形成审计结论与报告等，提高了审计效率与监督质量。外部审计属于注册会计师审计，是一种外在的独立的专业监督，与内部审计有相同之处，也有不同之处。从信息技术的影响看，它是极其深远的，无论审计环境、审计内容、审计方法、审计标准、对审计人员的要求都发生了根本性改变。信息技术的应用增加了审计对象、审计环境的复杂性，也大大增加了可应用的审计技术手段和方法，正如前面讨论的内部审计一样，可实现实时在线联网审计、全面审计和程序化自动化审计，这些增强了审计威慑力，无疑提高了审计质量，强化了审计监督职能。

五、信息技术助推会计职能和会计目标的升华

会计职能与会计目标密切相关。职能影响目标，目标决定职能，因此信息技术对会计职能的影响必然会传递到会计目标上。信息技术极大提升了会计人员履行会计职能的能力，会计职能的作用得到最大限度地发挥，可以有更好的条件实现会计目标。会计目标是多层次的，既有财务会计目标，也有管理会计目标。前者主要以履行受托责任和提供有用的信息为特征，属于基本目标；后

者以服务于管理活动为特征，以提升管理水平为目的，是一种更高要求的目标。会计职能包括核算、监督这两个基本职能，也包括检查、分析、预测等职能。在传统会计时代，受数据处理水平、会计人员能力的制约，无论是会计职能履行还是会计目标实现，更多停留在基本层面。在信息技术赋能下，会计基本目标的实现与基本职能的履行几乎完全被计算机程序执行所替代，而会计人员也有更多的时间和更好的条件去实现更高的会计目标和履行更好的管理职能，即获得实质意义上会计系统的升华。在信息技术支持的环境下，会计目标可以划分为三个层次：第一层次是财务会计目标，即在准则规制下履行核算与监督职能，以对外提供财务报告。在信息技术赋能下可以实现业务会计一体化，这个目标在极少人工干预下就可以高效、高质量地完成，从而使这一在传统会计时代的主流会计目标逐步演化为现今的基本目标。第二个层次是管理会计目标。在这个目标下，将会计作为管理工具融入管理活动中，实现会计控制、评价、辅助决策职能。在信息技术的支持下，这个目标逐渐成为主流目标，也使会计成为真正意义上的管理活动。而在传统会计时代，这个目标的实现程度低，尤其对于中小企业，属于非主流的会计目标，这体现了会计目标和会计职能的转变提升。第三个层次是决策会计或智能财务目标。在"大智移云物区"时代，信息技术的高度赋能完全有可能实现会计核算、分析、决策的一体化，会计将不再是独立意义上的会计，会计就是融合在管理中的管理活动，传统的会计职业或将消失。在传统会计时代，这一目标的实现几乎难以想象。因此，我们完全可以说，信息技术赋能提升了会计职能，再通过会计职能提升了会计目标的高度和质量，实现了会计职能与会计目标的升华。

第三节 信息技术赋能三部曲：业务会计一体化、业财融合、智能决策会计

一、信息技术赋能业务会计一体化

会计的基本职能是对业务的反映，即以会计特有的手段与方法对业务进行客观如实的描述。业务与会计的分离是传统会计时代的基本特征，然而这一特征并不是自古如此。追溯会计历史，从会计产生到 1494 年专门论述复式簿记的书籍《算术、几何、比及比例概要》出现之前通常被划分为古代会计阶段，经济形态简单、规模小，生产力水平低下是这一阶段的社会特征。尤其在会计萌芽之初，人们以实物、绘画、结绳、刻契等方式来表现经济活动及其所反映的数量关系，这个时期的会计行为实质上就是人们日常活动的一种管理行为，谈不上专门的会计行为，业务与会计自然是一体化的。随着社会的发展，到我国奴隶社会、封建社会阶段，因为官僚体制管理的需要，专职的会计制度及岗位开始出现。这些专职会计岗位的出现象征着业务与会计开始分离，并且在相当长时间里愈演愈烈，表现为会计的专业性越来越强，业务与会计越来越走向独立。在信息技术广泛应用之前，会计可以说是负重前行，越来越艰难。信息技术的应用极大改变了会计生产力，使会计信息的生产变得异常高效，尤其随着人工智能技术的发展，作为原来占据会计最大工作量的会计核算可以轻易完成，甚至在完成系统初始设置后，几乎不需要人工干预，完全实现了自动化，在业务完成的同时也完成了会计核算，实现了业务会计一体化。业务会计一体化为会计信息的应用扩大了空间，为实时管理创造了条件，实时控制、实时决

策成为现实，大大提升了管理水平，也为业财融合、提升财务的价值打下了基础。正所谓"分久必合"，信息技术的赋能使会计进入一个崭新的发展阶段，在会计发展史上具有里程碑的意义。正因为如此，我们将在会计中应用信息技术的阶段称为现代会计阶段。信息技术的赋能将会计人员从烦琐的重复劳动中解放出来，并可以致力于会计价值的创造活动，从而极大提升了会计的影响力和价值。因此，我们完全可以说，信息技术助推会计实现了升华。

二、信息技术赋能业财融合

业财融合，通常简单地被理解为业务与财务的融合。业务就是组织发生的经济事务，百度百科将其解释为各行业中需要处理的事务；我国《企业会计准则第 20 号——企业合并》应用指南对"业务"的定义是："企业内部某些生产经营活动或资产的组合，该组合一般具有投入、加工处理过程和产出能力。"会计是对这一事物的描述，而财务通常可理解为与业务相关联的资金活动或者说相对应的现金流。从这个意义而言，业务与财务从来就没有分离，它们就像一个硬币的两个面，只要发生经济业务活动，必然有对应的资金活动。目前，对"业财融合"的理解，学界和实务界可谓众说纷纭、莫衷一是，也引发了很多讨论，这影响到信息技术如何赋能业财融合的讨论。如对"业财融合"中的"业"，目前文献中有多种解释：有的学者专指"业务部门"；有的学者认为应包括企业全体员工所实施的各类活动；还有观点认为与财务融合的不仅仅是业务，还应该包括为确保组织成功运营所开展的全部工作，如采购、生产、研发、销售等各个价值链环节上的商业运作行为。如王斌（2018）认为，"业"的概念是综合性的，包括从战略规划的制定与执行，到经营计划的制定，再到具体的商业运作活动。而对"业财融合"中的"财"，文献中也有多种解释：有的说是"财务部门"。有的认为是企业的价值创造与制定相关决策的过程，即传统的财务学内容。还有认为是"大财务"或"大会计"，内涵极其广泛，包含多层含义：一种是会计的概念，可以理解为一套会计信息体系，为企业进行分析、预测、评价和决策提供信息支持，如汤谷良和夏怡斐（2018）认为业财融合中的"财"并非特指财务学，而是指财务决策中涉及的信息；另一种是财务的概念，理解为一种资本和资金的运作过程。还有从管理的控制角度来理解"财"的概念。如王斌（2018）将 "财"概括为"一种信息、资本及其管理控制的过程"。这种对"业""财""业财融合"不同的理解，使我们在利用信息技术进行业财融合方面有各种不同的方案与策略。

本书认同业财融合是一个综合的概念，是一个体系概念。一方面，通过信息技术赋能实现业务会计一体化，为企业进行业务分析、控制、预测、决策、评价提供信息支持，这是基础性的第一步；另一方面，这些反映的信息或反馈给业务人员或通过系统自动采取行动或由财务人员直接采取行动以支持改善业务活动，从而提升业务价值。财务人员通过核算价值信息的提供、解读建议及财务资金的及时支持，甚至直接参与业务处理活动——成为懂得业务的财务等种种方式支持提升业务管理和决策水平，为企业创造更多的价值，这是业财融合的根本。信息技术为业财融合提供了强大的技术支持，使我们有了探索业财融合的基础。可以说，没有信息技术的赋能就没有业务会计一体化，没有业务会计一体化就很难有业财融合。如何更好地进行业财融合，将是一个比较长的探索过程，这受领导的理念、会计人的素养、社会信息化水平等各种因素的制约。从当前信息技术应用实践看，对于信息技术应用基础较好的企业，普遍处于业财融合的探索过程中，而大部分企业和单位则处于业务会计一体化的应用阶段甚至人机共同作业的会计电算化阶段。

三、信息技术赋能下的会计——智能决策会计

随着信息技术应用水平的提升，企业不仅实现了业务会计一体化，而且较好实现了业财融合，各种管理会计的工具与方法得以普遍应用，程序化、流程化、自动化成为之前会计各处理环节的主要模式，各种控制手段、预警及处理，甚至决策也几乎不再或很少需要人工干预处理，这就是决策会计。按百度百科的定义，决策会计是运用会计学的基本理论与方法，系统地、科学地描述企业各项决策方案的形成，对企业未来的经营活动及结果做出超前评价的一种事前

规划型会计规范。它通过会计特有的方法，对企业未来的效益和损失进行计量、报告和控制。决策会计不仅仅是会计部门或财务部门的事，它已经跳出会计圈而延伸到业务活动中，是经营决策、核算、控制、报告、评价的一体化。决策会计显然不是会计的全部，但它是会计服务的高级阶段，标志着会计人员真正参与到企业的经营管理中，成为一名管理人。决策会计离不开信息技术的支持。由于决策会计较早被提出，随着信息技术的快速发展，其内涵也在不断丰富。

在人工智能高速发展的今天与明天，智能财务或智能会计必将来临，它会超出决策会计的范畴，将更加智能化。届时，我们所能想到的会计活动几乎完全被人工智能所取代，会计将不再是会计人员的会计，会计作为一个专门的职业将不再存在，信息技术几乎可以搞定一切，从记账、算账、报账到资金管控、税务管理、成本管理等各个方面。就像一个全自动的现代化工厂，整个车间、整个厂房都找不到人。也许这才是会计真正的未来，会计将消失在信息技术支撑下的管理中。

第三章

信息技术助推会计理论升华

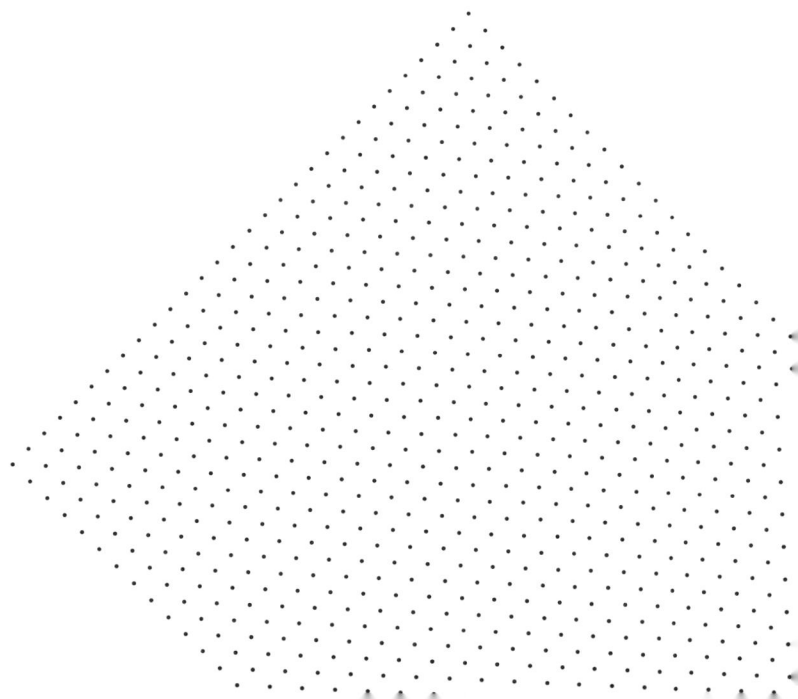

　　信息技术改变了交易模式、交易记录的载体及交易结算方式等商业环境，也彻底改变了会计环境，这势必对依据传统商业环境构建的传统会计理论产生影响。然而，具体何谓会计理论？即便在财务会计中，也并不存在一致认可的会计理论，而是多种理论并存。会计理论被普遍认可有两方面作用：一是解释现存的会计实务；二是预测或指导未来的会计实务。诸如财务会计标准委员会（Financial Accounting Standards Board, FASB）的概念框架及我国的基本会计准则，显然具备上述两方面作用和理论特征，是被普遍认可的会计理论的内容表述。本部分以此为基础展开讨论分析。会计理论分为财务会计理论和管理会计理论。从广义"大会计"上来说，还包括审计理论。由于审计与会计在职能、目标等方面的差异性，此处不讨论信息技术对审计理论的影响，而在后面章节进行专门讨论。本书对会计理论的理解基于我国的基本会计准则和美国 FASB 的概念框架，认为财务会计理论涉及会计目标、会计假设、会计基础、会计原则（会计信息质量特征）、会计职能、会计范围（对象）等方面。管理会计理论则是会计融入管理活动过程中履行管理职能的实践指南，不仅包括成本管理、预算管理、责任会计等众多管理方法和工具，还包括会计在融合信息技术过程中产生的如 ERP 会计信息化、财务共享等一些新的理论和思想。信息技术赋能助推会计逐步从以提供会计信息为目标的核算活动向以增值为主要目标的管理决策活动转变，助推会计理论和会计实务向管理方向升华，丰富了会计理论的内涵。在计算机、互联网、大数据、人工智能、云计算等的长期影响下，会计理论在遭受冲击、融合、变革与发展的洗礼后走向繁荣。

第一节 信息技术对财务会计理论的影响

本节对以我国基本会计准则为基础的财务会计理论进行分析，涉及会计目标、会计假设、会计基础、会计原则（会计信息质量特征）、会计职能、会计范围（对象）等方面，以助于提供公允、合理、规范的财务会计报告。理论是基于一定环境下的理论，信息技术改变了会计环境，理论必然会受到一定的影响。本节内容的理论逻辑以会计目标为起点，沿着会计假设，会计原则（会计信息质量特征），会计范围（对象），会计确认、计量和报告的路线进行阐述。

一、信息技术对会计目标的影响

会计系统是人为构建的经济信息系统，必然有明确的目的和目标，会计理论界普遍认可将会计目标作为研究的起点，是理论的第一层次。财务会计的目标通常被认为是向信息使用者提供对决策有用的经济信息。我国基本会计准则虽然未直接论述会计目标，但第四条规定了企业应当编制财务会计报告，并指出财务会计报告的目标。从具有代表性的美国会计理论的研究历程看，会计目标的确定本身受信息技术应用于会计的情况影响，因为信息技术的赋能使会计能提供更好、更快、更丰富的决策有用信息。另外，从信息使用者角度看，信息技术赋能使信息使用者更便利、更及时、低成本获取和应用这些信息于决策中。在一个企业或组织内部，在信息技术的赋能下，会计核算信息能实时应用于控制决策而服务于企业业务活动中。信息技术不仅提升了会计信息的供应水平，也极大提升了对会计信息的应用水平，可以更好地履行会计的管理职能，为管理提供高质量的服务。因此，无论从财务会计还是管理会计角度看，信息技术的赋能毫无疑问地提升了会计目标的内涵和质量，助推了会计目标的升华。

对于财务会计报告使用者，我国基本会计准则进行了说明，包括投资者、债权人、政府及其有关部门和社会公众等。在这里，主要基于财务会计而非管理会计的角度，使用者主要指企业的外部利益相关者。事实上，这里的信息使用者还应该包括企业内部人员，因为企业内最能体现会计价值所在，是会计创造价值的最重要场所。在信息技术赋能下，会计的内部服务功能越来越受到重视，会计实时支持控制决策的能力得到很大的提升，企业的内部人员已成为最重要的信息使用者。因而，信息技术不仅提升了对外提供信息服务的能力与质量，而且极大强化了会计的管理服务的功能与目标。相比传统会计满足会计目标的能力与质量，信息技术丰富了会计目标的内涵，实现了之前只能想象却无法企及的目标。会计学科曾经的委屈（被人称为"小会计"）、会计人员曾经给人的尴尬印象（男会计被戏称为"恐龙"）将不复存在，而高校会计专业招生持续多年的火热正说明了会计地位的提升。这一切都与信息技术赋能后，会计人员有能力实施和完成高质量的会计目标相关，因为它提升了会计的价值，提升了会计人员的地位，提升了会计目标的高度。所以，我们完全可以说，信息技术赋能助推了会计升华，助推了会计目标升华。

二、信息技术对会计假设的影响

假设一般被认定为无法验证的基本假定，是构建会计理论的基础。目前国际会计界普遍认可的假设涉及会计主体、持续经营、会计分期和货币计量四个方面，我国的基本会计准则也持这个观点。信息技术是否影响会计假设？如何影响会计假设？想要解答这些问题，我们先要了解会计假设的概念。它最早由佩顿（W.A.Paton）在其著作《会计理论》中提出，现代会计不但需要在许多场合运用估计与判断，而且整个结构是建立在一系列的一般假设基础上。换句话说，要有一些基本前提和假定来支持会计人员对价值、成本、收益等作出特定结论。否则，这些结论将难以成立。信息技术改变了商业场景，改变了商业模式，也很大程度上改变了会计环境，但并没有根本性改变会计中存在的众多的不确定性和需要估计判断的现实，因此，信息技术可能会在某些方面某种程度上影响先前假设，但是否带来影响，以及带来多大的影响有待进一步分析。

1. 对会计主体的影响

会计主体规定了核算空间范围，信息技术不会直接影响会计主体假设，但可拓宽主体内涵及丰富内在的核算内容，从而增加信息含量，对财务报告使用者起到积极的影响。我国基本会计准则第五条规定，企业应当对其本身发生的交易或者事项进行会计确认、计量和报告。这里企业的本身就是会计空间范围，没有明确边界的会计信息是无法想象的，也是难以理解且没有意义的。信息技术赋能会计的过程并不会改变会计主体的产权或责权边界。会计要提供有用的经济信息，必须有明确的主体对象指向，否则对信息使用者而言是不相关的、无用的、容易误解的。信息技术支持下企业能提供更多、更详尽甚至包括一些外在的如行业、市场等关联信息，增强了企业财务报告的含金量，却被某些学者认为影响了会计主体假设，这是一种误解。这些信息会对会计主体内容产生一些影响，但并非影响会计主体本身，它只是关联的外部信息，边界是非常清晰的。对于网络环境下临时灵活组建的"虚拟组织"或"虚拟企业"，如果有明确的组织管理者或责任人，有提供核算信息的需求，完全可以成为一个会计主体，但如果不符合持续经营条件，只能采用清算会计处理。有的学者认为"虚拟组织"没有明确的主体边界，或者根本不稳定或随时会解散，但这并不妨碍它们成为会计主体，正如企业业务边界不断改变调整并不影响会计主体资格一样。会计主体概念里也从来没有否认虚拟组织的资格，它完全可以包容信息技术环境下出现的一些虚拟组织。至于能不能成为名副其实的会计主体，还要看是否符合持续经营原则，是否有会计信息的需求，如果否定的话，可以采用清算会计。如果说，信息技术冲击了会计主体，作者并不赞同。相反地，信息技术赋能增强了会计核算能力，使一些传统会计时代没有能力处理的业务得以处理，如人力资源会计、责任会计、财务预测等问题。因而，作者认为，信息技术不仅外延了会计主体本身，也丰富了其内涵，包括扩大了主体核算的范围，增加了信息供给。因此，本书认为，信息技术对会计主体的影响是助推会计主体内涵和外延的充实与发展，这也是一种理论上的发展升华。

2. 对持续经营的影响

企业会计确认、计量和报告应当以持续经营为前提。实务中，任何企业都难以保证永久持续经营下去，进行会计确认、计量和报告是为了使会计得以持续地提供信息而所做的假定，最大的好处是排除了企业清算价值，与现实中企业实际经营时间长短并无关系。信息技术的日益普及和网络的兴起，出现了一些临时的、可能随时解散的"虚拟组织"或"虚拟企业"，它们没有实物资产，甚至没有费用分配，所以很难符合持续经营假设。有些学者因此认为信息技术的发展和应用冲击了会计持续经营的假设是没有逻辑的，而正好说明了企业持续经营假设的必要性。事实上，这种无持续经营计划的临时项目，并无提供持续会计信息的需求，即便需要核算这些临时组织项目收益情况，也应该采用清算会计处理而不属于通常的会计范畴。即便提供清算会计信息也意义不大，它没有预测价值，也没有人为此支付成本。因此，只要社会需要会计提供持续的会计信息，会计就必须以持续经营为前提，而且信息技术为持续经营的判定提供了积极的作用。因此，信息技术虽然改变了企业经营模式，增加了风险，可能导致企业或组织经营更加不稳定，但这种经营环境的改变并不会影响持续经营假设本身，而是需要我们更加强调、判断持续经营假设的必要性。我们更应该说，信息技术助推会计持续经营假设理论发展升华了。

3. 对会计分期的影响

持续经营假设把会计主体当作长期存在的经营单位，而信息使用者为了当前或短期投资需要了解企业财务状况和经营成果，因而需要在持续经营假设下进行会计分期假设。持续经营假设与会计分期假设是相辅相成的，缺一不可。信息技术的赋能极大提升了会计人员的数据处理能力。理论上，会计分期可以无限制缩短，从而增强会计信息的及时性，但是，在会计分期假设下，为了分清各期的经营成果和经营责任，需要运用"应计""递延""摊销"等手段对应付费用、预收收入、预付费用和折旧、摊销等项目进行不同会计期间的调整，会计期限缩短后是否要跟随处理这些分摊业务？是否会增加成本？是否会造成信息过载？另外，企业对信息的使用者提供随时访问以获取企业最新的会计信息理论上可行，现实中未必可行。会计分期期间太短，也未必符合成本效益原则，但信息技术无疑对会计分期有积极的作用。从实践上看，与传统会计时代相比较，信息处理及披露的及时性方面有一个质的改善。从这个角度看，我们完全可以说信息技术助推会计理论升华了。

4.对货币计量的影响

会计处理的交易或事项都是与价值相关的信息，货币具有一般等价物的作用，因而货币计量成为会计唯一不二的选择。货币计量假设使人们把会计理解为只是传递财务信息，而不能记录和传递其他非财务信息。事实上，会计并不排斥其他计量单位，如存货的实物计量信息、报告中披露的许多非货币计量的非财务信息。信息技术的应用大大增强了会计人员记录和传递信息的能力，在货币计量之外能补充更多非货币计量的非财务信息，为信息使用者提供更全面丰富的信息，但无法撼动货币计量的主导地位。从某种程度上讲，信息技术使货币计量的假设基础更加厚实可靠而不因只提供财务信息被非议，影响是正面的。从这个角度看，我们完全可以说，信息技术助推会计理论发展和升华。

三、信息技术对权责发生制和会计原则的影响

企业会计以权责发生制为基础。权责发生制是一项基本会计原则，在我国基本会计准则中被称为会计基础，位列各项会计原则之首。权责发生制原则与会计分期假设相对应，是会计分期假设下的必然要求。信息技术对权责发生制最大的影响是降低了其实施成本，模板化、程序化、自动化的处理大大降低了会计成本，它不再成为会计人员心中永远的痛。而在传统会计时代，基于权责发生制下的会计调整业务众多且复杂，在会计期末，会计人员需要花费大量的时间和精力处理这些业务。另外，信息技术助推交易结算方式的变革，大量在线结算方式的出现会减少权责发生制应用场景但很难消灭应计、递延、摊销等问题，而且信息技术对会计分期的影响将反向影响到权责发生制，使其应用频次和场景不定期无限制增加，这种增加将耗费一定成本却很难评估其价值与意

义，而如果不随会计分期的应用场景相应变动，则会影响信息的完整性和准确性。因此，在实践中，我们需要辩证地考虑和平衡。无论如何，信息技术对权责发生制的影响是积极正面的，它极大提升了会计效率和会计信息的质量，助推了会计的升华。

会计原则在我国基本会计准则中也被称为会计信息质量特征，是对信息有用有价值所必须具备的质量要求。我国基本会计准则的会计信息质量特征包括可靠性、相关性、明晰性、可比性、实质重于形式、重要性、谨慎性、及时性八项要求。在信息技术基础上构建的会计系统，无论是数据的获取能力、处理能力、处理速度还是存储能力、传送能力都有质的提高，会计系统输出的信息量大大增加，数据更为精细化，数据质量更高，而且传送速度快、成本低，可以更好地满足信息使用者对信息的需求。它不仅使会计信息的相关性、及时性得到明显提升，可靠性方面也因为程序化处理和人工操作干预机会的减少而有积极的改善，明晰性原则由于提供的信息更为详细和丰富而得到提升。重要性特征需要我们警惕，即在信息生产、供应成本大幅度降低的情况下，如何体现出信息的重要性，以免在超载信息中找不到重点而影响信息效用。对于可比性、实质重于形式、谨慎性原则，信息技术也由于能提供更多辅助信息帮助会计人员进行更理性和更全面的判断而有积极正面的影响。我们在总结信息技术对会计信息质量要求产生积极影响的同时，也不可忽视信息系统的维护管理复杂化问题。如电子发票一旦管控不好，可能造成数据丢失、重复报销、被篡改等后果。对于一个管控不善的计算机会计系统，造假手段更隐蔽、造假成本更低，会给会计声誉带来灭顶之灾。上市公司"康美药业"财务造假诉讼事件是一个深刻的教训，会计师事务所为什么在审计过程中没有发现财务造假问题，其最大的原因是没有对会计信息系统进行审计。信息技术应用是一把双刃剑，会计信息质量是会计信息的生命。当充分享受信息技术给会计带来的红利的时候，我们也要加强管理其带来的挑战，否则，可能遭受其反噬。会计界会计信息管理者决不允许因为信息技术的应用而降低质量要求，而是要求助力会计信息质量的提高。为此，我们在"扬长"的同时，不要忘记"补短"。随着会计人员了解、掌握、驾驭信息技术能力的提升，信息技术必将更好地助推会计原则内涵更加丰富、更好地在实践中得到实施，实现会计理论的发展与升华。

四、信息技术对会计对象的影响

会计对象通常被具体划分为若干会计要素，国际上各国划分情况并不一致。我国基本会计准则将会计对象划分为资产、负债、所有者权益、收入、费用和利润六大要素。信息技术对会计对象的影响主要体现在两方面：一是会计要素内涵的扩大，如数据资产、虚拟存货等概念的出现，它们可能需要被确认与计量，纳入财务报表中，即直接扩大了会计对象范围；二是对会计要素及更具体分类的会计科目的核算与管理的影响。信息技术提升了会计核算能力，理论上，会计要素及会计科目可以无限制地细分，从而提供极其详尽和个性化的经济信息，为信息使用者提供决策帮助。另外，从管理会计角度看，信息技术的赋能使很多在传统会计时代因为处理能力所限不能在实务中应用的各种管理会计工具和方法被激活使用，进一步扩大了会计工作范围。因此，信息技术的应用不仅扩大了会计对象的外延，产生了许多带有信息特征的新要素项目，也极大提升了会计人员对会计要素项目的管理能力和管理水平，助推会计的持续发展和升华。

五、信息技术对会计确认、计量和报告的影响

确认是将会计要素纳入会计报表的过程，而计量是对要确认的要素确定金额的多少。确认与计量是会计的核心工作。无论是确认还是计量，都需要职业判断，要符合一定的条件和要有充分的证据支持，尤其是复杂的业务。信息技术可以提供多维度的信息供会计人员参考，从而帮助会计人员做出更符合实际、更合理的确认与计量。对于一般标准化业务，信息技术完全可以替代人类通过程序化完成确认与计量工作。实践中，在信息技术应用水平较高的企业，信息技术已经替代了大多数会计业务的确认与计量工作。通过信息技术完成会计确认和计量工作是会计走向信息化的基础，更是走向智能财务、智能会计的基础。信息技术不仅替代了传统会计时代会计人员的工作，而且一定程度提升了会计

确认和计量的水平。当然，信息技术的应用也会带来一些新的确认和计量问题，如数据资产、虚拟资产的确认与计量问题极其复杂，对现代会计而言是一个挑战，但充实了其内涵，促进了理论的发展和升华。

报告是对外按规定披露的信息内容。信息技术对财务报告的影响是极其深远的，可以从三个方面进行论述：一是报告模式的改变，以纸介质方式向在线报告方式转变，这样最大限度地方便了信息使用者，同时，大大降低了信息使用成本；二是对披露内容的影响，信息技术极大程度地丰富了披露的信息内容，包括增加了许多附注和非财务信息，最大限度满足了信息使用者个性化的需要；三是信息技术的应用使会计人员的报告编制技术和效率有很大的提升，使财务报告编制时间大大缩短，甚至可以实现一键完成。信息技术不仅在实践中极大提升了会计人员做财务报告的能力，也充实了报告内涵。

会计的确认、计量、记录、报告作为曾经会计的主流工作内容，正在或已经被信息技术所替代，尤其对记录报告而言有着不可同日而语的优势，而且信息技术还丰富发展了确认计量报告理论。因此，我们完全可以说，信息技术助推了会计实践与理论的发展和升华。

第二节 信息技术对管理会计理论的影响

管理会计是会计的重要组成部分,相对于以对外提供服务为主的财务会计,它主要服务于单位内部管理,通过特有的会计方法参与业务活动,在单位规划、决策、控制和评价等方面发挥作用。简单的理解就是为管理活动提供服务的会计,或称为内部会计。美国《管理会计公告》对管理会计有一个新的定义,即管理会计是一种深度参与管理决策、制定计划与绩效管理系统、提供财务报告与控制方面的职业知识及帮助管理者制定并实施组织战略的职业。其强调的是管理服务功能。纵观管理会计发展史,很难找到像财务会计那样被普遍认可的理论,它更多以工具或方法的方式出现,为管理的某个方面提供支持。因而评价信息技术对管理会计理论的影响是非常困难的,却也似乎非常简单。信息技术的应用改变了管理会计的环境,提升了会计人员应用管理会计工具和方法的能力,这必将影响已有管理会计工具及方法在实践中的应用。同时,在与信息技术融合及与新环境的适应过程中,必然会改良或产生一些新的管理会计工具和方法,从而助推管理会计理论的发展。因此,本书以总结的形式来阐述和评价信息技术对管理会计理论的影响。

一、助推 ERP、会计集中核算、财务共享等理论的发展

信息技术首先改变了会计环境,极大提升了会计人员会计核算和提供会计信息的能力。在网络信息技术的支持下,信息交互和传送极为便利,为重组流程、整合资源和提升管理效率创造了良好的条件。在此背景下,ERP 应运而生,它由美国著名咨询公司加特纳集团公司(Gartner Group Inc.)于 20 世纪 90 年

代提出。ERP 以供应链管理（Supply Chain Management，SCM）为主线，以财务成本控制为目标，通过精心设计的物流、资金流、信息流，把从原材料开始到产品服务的整个过程中企业所拥有的人、财、物、信息、时间、空间等资源进行综合平衡和优化管理。ERP 系统的提出实现了数据的共享，为业务会计的一体化提供了可能，也为实施业财融合和管理会计信息化奠定了基础，使会计逐步融入业务及各项职能管理活动中，提升了会计的价值，也极大提升了整体管理水平。ERP 的提出和在实践中的应用不仅在会计史上具有里程碑式的意义，被认为是会计信息化的标志与载体，在管理学史上也具有重要的意义，它实现了"物流""信息流""资金流"三流的统一协调管理，归集了大量业务数据，这些数据为企业预测、决策、控制、评价等管理活动提供依据，也为记账管控提供了基础，理论上实现了高水平的企业管理。

随着信息技术的应用，企业的管理理念、管理方式及组织架构设计都发生了变革，会计集中核算、财务共享理论也应运而生。在网络信息技术支持下，会计人员通过整合核算资源达到规范、规模经济，强化资金管理，提升财务工作效益。会计集中核算与财务共享虽然都是集中核算，但两者是有区别的。财务共享是会计集中核算的进一步发展，与单纯的会计集中核算有着本质的区别，它涉及各项业务流程的再造优化重组，而一般的会计集中核算只是把各分（子）公司的核算人员和业务集中起来处理。目前财务共享理论仍需变革发展，虽然大量的业务实现了集中核算，但这些财务人员仍然承担大量简单、乏味、重复性劳动，距离业务会计一体化仍有较大的差距，而且产生了业务与财务的分离问题。财务共享归集了大量数据，这是重要的资源，如何合理充分地利用是一个值得研究的问题，而如何改善业财融合又是另一个需要探索的问题。所以财务共享绝不是发展的终点，而更应该是进一步发展的起点。在会计实践中，很多集团企业已经进行了探索，譬如有的集团企业在实施了 ERP 项目后，又建立了财务共享系统，然后进一步构建数据中台来探索管理会计信息化，从而大大提升了集团财务报告的编制效率和管理会计的应用水平。

随着信息技术在会计、管理领域更深层次的应用，"智能财务""智慧会计"

等新概念不断被提出，新理论新思想不断涌现。某些高校如浙江大学首招智能财务专业学生，而且学生报名火热，录取分数奇高；相对应的是，清华大学于2020年宣布停招会计专业学生而新增了计算机和金融专业。无论是学术上"智能财务"或"智慧会计"概念的提出，还是社会上招"智能财务"专业学生而停招会计专业学生，核心的问题是信息技术在会计中的应用水平已经上升到一个高度，并被社会各方普遍认知和认可。人们对会计人员的印象与认知已经悄然发生变化，会计人员不再是"记账""算账""报账"的"账房先生"，而是拥抱信息技术从事数据挖掘、开发应用的高素质、高待遇的高端引领人才。社会上这种认知的改变可贺可喜，我们评论说会计实现了升华毫不为过。我们需要警惕的是，会计可以是一个职业，也可以是一个学科，在强调信息技术重要性的同时，不要忘记会计的根。当代会计的特征是信息技术与会计的融合，缺一不可。会计的基本目标是为组织核算提供会计信息，但最终的目标是为信息使用者提供决策支持。未来会计的发展方向就是如何有机融入管理中构建提供信息服务和控制决策的一体化，这离不开会计、管理、经济等知识的支持。信息技术与会计的融合必将助推管理会计、管理理论的创新与发展，必将为会计理论的发展添下浓重的一笔。

二、盘活了现有管理会计工具及方法，提升了其应用水平

从某种意义上说，管理会计就是管理工具或管理方法与会计的结合，或者说融合。在企业或组织内部，当会计被定位为服务于管理而应用于某项管理会计工具或方法的时候，其核算信息被分析、处理、反馈应用于业务控制、决策、预测中，为管理和组织目标的实现提供支持，这就是管理会计。在信息技术的支持下，企业业务活动的各环节可以实现无缝对接，甚至可以实现对整个产业链的无缝对接管理，达到资源优化配置，从而降低成本，提升管理效益，为组织和客户创造更多的价值。在传统会计时代，受制于数据处理能力、存储介质的纸质化及数据交互传送不便利，许多管理会计工具和方法很难有效实施并发挥其应有的作用，如标准成本法、全面预算管理、作业成本法等等。以全面预

算管理为例，它是一个比较复杂的管理工具：第一，全面预算要求全业务、全部门参与，编制过程复杂；第二，各业务各部门确定的经济价值和费用指标，需要一定的流程与指标控制；第三，执行过程中需要及时反馈，才能指导和控制业务；第四，作为一种预测手段需要更多业务数据关联。这种牵涉面广、协调多、跨职能部门的工作很难在缺少信息技术支持下完成。通过信息技术构建的平台可以通过全员参与、程序化控制、及时交互数据等手段实现预算与业务系统的同步运行，有效完成从编制、滚动、控制到分析的全面预算工作。人工处理方式要实施全面预算管理或者只能做一个简单的费用控制，或做一个年度预测目标，很难做到与业务的同步运行，很难真正做到有效实施发挥其应有的作用，即使勉强实施，繁重的工作量和高昂的实施成本也不符合成本效益原则。又如事项会计理论，在 20 世纪六七十年代就被提出，但一直不被学术界重视，进入 21 世纪以来才逐步被人们重新认识，是因为信息技术的发展和应用导致理论应用环境发生改变。信息技术盘活了管理会计的工具和方法，提升了其应用水平和效果，因此，我们完全可以说，信息技术的赋能助推管理会计理论发展和升华。

三、赋能例外管理会计模型的构建和应用

例外管理（Management-by-Exception）是一个管理学的概念。根据百度百科的解释，例外管理是指领导人或管理者应将主要精力和时间用来处理首次出现的、模糊随机的、十分重要且需要立即处理的非程序化问题。信息技术以程序化、流程化管理方式解决了传统会计时代烦琐的核算工作，使许多日常管理工作可以交由信息系统自动执行。会计人员更多的是做一些必要的监控、经营分析和例外管理。例外管理往往需要会计人员依赖自身的专业及各方面知识积累发挥主观能动性、创造性来寻找解决方案，包括问题的提出、影响要素分析、获取相关数据、构建模型、模型处理、结果分析与评价等环节。投资、融资、预测等很多现实问题都可以通过会计人员构建个性化模型来解决。以 A 公司长期贷款为例，采用什么样的贷款策略受多种因素的影响：还款能力（未来预

计现金流水平）、贷款年限、贷款利率及其未来走向、贷款金额等。假如采用每期等额还款方式，在贷款总额需求确定的情况下，我们关注的核心是现在和未来的还款能力，而这主要受贷款年限和贷款利率这两个变量因素的影响。通过分析，我们可以知道，这是一个财务中的年金问题，可以很轻松地应用 Excel 中的 PMT 函数和模拟运算表工具构建模型并进行处理分析，找到合意的贷款方案，避免被他人错误引导。结果见图 3-1。同样的问题，还有投资决策、收入资金成本预测、信用政策、存货管理、现金管理等因素。在信息技术赋能下，很多现实中的会计、财务、审计、经济、管理等方面问题，只要我们有思路，有理论积累，都可以依托各种信息技术工具和方法轻松解决。信息技术充实了我们可以应用的工具和方法，为我们提供、寻找新的问题解决思路，开启了管理会计创新之门。从这个角度看，我们完全可以说，信息技术助推提升了管理会计的应用水平。

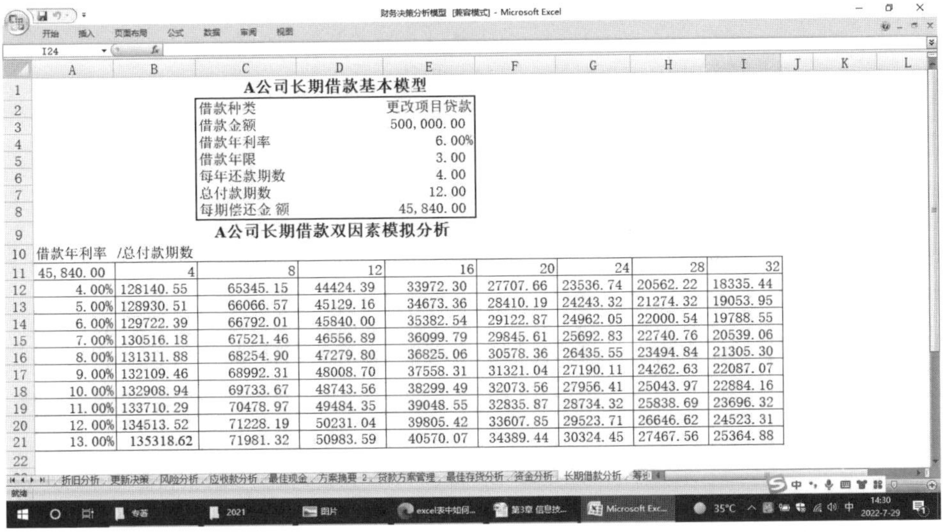

A公司长期借款基本模型

借款种类	更改项目贷款
借款金额	500,000.00
借款年利率	6.00%
借款年限	3.00
每年还款期数	4.00
总付款期数	12.00
每期偿还金 额	45,840.00

A公司长期借款双因素模拟分析

借款年利率　/总付款期数

45,840.00	4	8	12	16	20	24	28	32
4.00%	128140.55	65345.15	44424.39	33972.30	27707.66	23536.74	20562.22	18335.44
5.00%	128930.51	66066.57	45129.16	34673.36	28410.19	24243.32	21274.32	19053.95
6.00%	129722.39	66792.01	45840.00	35382.54	29122.87	24962.05	22000.54	19788.55
7.00%	130516.18	67521.46	46556.89	36099.79	29845.61	25692.83	22740.76	20539.06
8.00%	131311.88	68254.90	47279.80	36825.06	30578.36	26435.55	23494.84	21305.30
9.00%	132109.46	68992.31	48008.70	37558.31	31321.04	27190.11	24262.63	22087.07
10.00%	132908.94	69733.67	48743.56	38299.49	32073.56	27956.41	25043.97	22884.16
11.00%	133710.29	70478.97	49484.35	39048.55	32835.87	28734.32	25838.69	23696.32
12.00%	134513.52	71228.19	50231.04	39805.42	33607.85	29523.71	26646.62	24523.31
13.00%	135318.62	71981.32	50983.59	40570.07	34389.44	30324.45	27467.56	25364.88

图 3-1　A 公司长期借款影响因素分析模型

第三节　信息技术助推会计理论的全面升华

从上面分析中，我们可以看到，无论是从财务会计还是从管理会计理论方面，信息技术都赋予积极的影响：助推会计现存理论内涵更加丰富，增强了理论在实践中的解释和指导作用，直接推动了理论的创新与发展。

一、助推会计现存理论内涵更加丰富

在上面信息技术对会计理论影响的分析中，无论是财务会计还是管理会计，其会计理论都在一定程度上得到充实与发展，并使内涵更加丰富。譬如，对于会计职能，在传统会计时代，我们更多讨论的是核算与监督内容，对于管理服务职能，讨论偏少，因为我们很难在实践中形成良好普遍的效果，或者实施成本高或者效果不够理想，但在今天信息技术的支持下，更多管理会计工具和方法在实践中应用，并取得良好的效果。我们现在讨论更多的是如何做好业财融合、如何改进预算管理、如何实现管理信息化、财务如何为战略管理服务等问题。会计的管理职能更加具体充实，内涵更加丰富。正如我们古人也有登月的梦想，但只有到了现代因航天技术的快速发展，这梦想才变为现实和具体。这种满足感就是一种升华。

二、增强了理论在实践中的解释和指导作用

会计理论的根本作用在于对会计实践的解释和指导作用。在传统会计时代，会计作用的发挥受到很大的制约：一方面，提供的信息量不足、质量不高、成本高且时效性差；另一方面，会计系统是一个近乎封闭的系统，核算信息很难被及时反馈到业务部门，业务与会计的这种隔离关系使会计的管理职能很难

发挥出来。故一些会计理论与方法更多可能仅仅停留在理论与臆想阶段，而信息技术的赋能使理论不再远离现实，从而增强了理论在实践中的解释和指导作用。仍然以会计职能为例，信息技术使许多曾经几乎被封存的管理会计工具和方法得以在现实中实践，重新焕发了理论本身应有的价值，并得到充实发展，这何尝不是一种发展和升华。从上面分析中我们可以看到，无论是从财务会计还是从管理会计角度看，信息技术应用都赋予了理论巨大的充实、改善和实践的空间。

三、直接推动了理论的创新与发展

信息技术应用改变了商业环境，改变了会计环境，信息技术与会计的融合，也营造了新的环境。作为指导会计实践的会计理论，其变革和发展有着必然的逻辑。互联网技术的发展，为企业资源的计划配置提供了极为良好的技术支持，ERP 系统理论应运而生，并发展形成了会计信息化理论，包括会计信息化体系、会计信息化标准等内容。基于规模经济及网络通信技术的支持，会计集中核算、财务共享理论相继被提出和形成。针对中小企业的特点，提出了财务云的概念和实践，实现了资源共享。这些都是适应新会计技术环境的一种必然要求和结果。在传统会计时代，学术界曾提出了许多理论，甚至部分理念非常先进超前，却很难在实践中落地应用，因为技术或其他实施条件不成熟，只能留待未来发掘。信息技术既解决了核算能力不足问题，又解决了信息交互不畅问题，既提升了会计的提供信息的能力，又使企业的各业务部门、各环节因能有机整合协同而提升了整体管理水平，这些都需要相应的理论支持，需要我们在实践中进行总结而形成新的理论。信息技术使许多曾经只是对会计的美好希望都成为现实，甚至超越了以前我们的期望，如曾经不被重视的事项会计等，在信息技术支持下的今天被重新认识与重视。信息技术助推了我们对会计理论的重新认识，也助推我们总结、发展并形成新的理论。因此我们可以说，信息技术推动了理论的持续创新与发展，助推了理论的升华。

第四章

信息技术助推会计实务升华

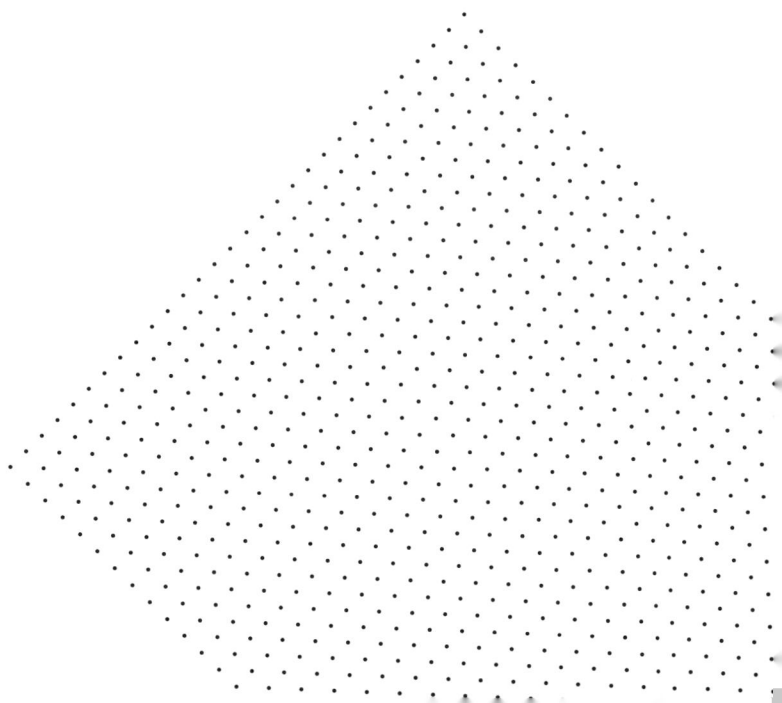

信息技术的赋能彻底改变了传统会计实务工作。核算与监督，这传统会计实务的主要工作内容逐步被程序化的"暗盒"所替代。网络化、平台化成为会计人员的主流工作方式，并突破了时空的限制，而电子发票、云财务、财务机器人等彻底改变了会计人员的工作重心，对会计、业务、外关联数据的分析、解读、应用已或将成为会计人员的主要工作内容。传统会计的工作场景已成为历史，再难寻觅，信息技术环境下的会计实务内容已发生天翻地覆的变化。

会计实务相对于会计理论而言，并没有严格意义上的定义，通常是指从填制凭证开始到编制报表结束的整个会计账务处理过程。这个含义比较狭隘，把会计工作局限于会计核算，这也正是传统会计时代的特征。信息技术赋能下，会计实务工作早已超出了核算范畴，许多企业实现了业务与会计的融合，会计参与了许多直接服务于管理的工作，给会计实务工作增添了许多新的内涵。本书认为，会计实务就是会计实际工作的代名词，两者密切相关，核算属于会计基础工作。从系统的角度看，会计实务应该包括会计系统的设计建立、日常运行、内部控制及维护管理、财务管理等内容，与传统会计的建账、做账、管账和财务管理等工作内容大致相对应。同会计理论一样，会计实务也深受信息技术的影响，甚至影响更甚，相较于传统会计时代，会计实务的工作内容已经有了很大的拓展，工作方式、工作重心有了极大的改变，工作效率有了很大的提升。我们完全可以说，信息技术助推会计实务发生了根本性改变，实现了升华。本章将从系统角度分析信息技术如何影响并助推会计实务在会计系统的设计（建账）、运行（做账）、内部控制及维护管理（管账）、财务管理等方面的变革、发展与升华。

第一节　信息技术对会计系统设计（建账）方面的影响

一、会计系统设计越来越复杂，走专业化道路成为必然选择

会计系统是为完成会计任务而对其所需的若干要素的组合，会计系统设计是实施会计工作的第一步。根据百度百科的定义，会计系统（也称财务系统）是根据财务目标设立组织机构、岗位，配置管理权责和人员，对经营活动、财务活动进行反映、监督、控制、协调的运作体系。系统构成的要素包含主体、客体、目标、工艺等若干方面，涉及系统学、经济学、管理学、信息学等学科，其核心是对这些要素的组合。会计系统的设计是一件极其关键又复杂的事，涉及要素越多，任务要求越高，设计难度越大，其困难程度呈几何级数增长。在传统会计时代，会计系统涉及要素少些，设计也比较简单，但功能也比较简单。图 4-1 是财务系统随着公司治理及经营情况变化而进行的适应性调整，是财务系统由低级向高级的演变过程，其间财务系统边界功能不断拓展。

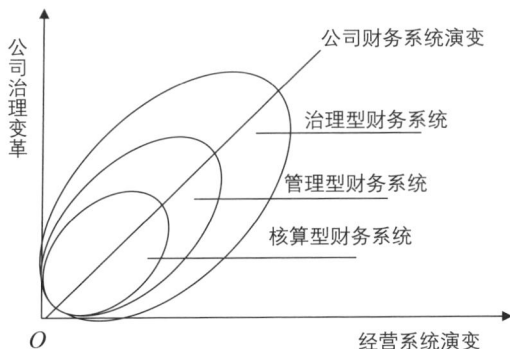

图 4-1　财务系统演变过程

　　会计系统设计中一个核心的问题是会计制度设计，这也是作为会计系统的一个标志性问题。会计制度设计是指用一定的理论、原则作指导，根据会计法规的规定，结合工作实际，对全部会计核算和监督的内容、会计事务处理程序和方法，以及企业负责人和会计人员的工作责任进行系统的规划和设计的工作。其意义在于满足市场经济、企业现代信息系统、企业内部控制及企业经营管理的需要。会计制度具体内容参见王清刚和陈辉（2011）的成果。主要包括：一是会计科目名称、编号和使用说明的设计，会计科目设计是对会计对象具体内容的分类，是对会计数据分门别类进行处理的依据；二是会计数据和会计信息载体的设计，主要有设计原始凭证、记账凭证、会计账簿、会计报表等的种类、格式、使用说明等；三是会计业务处理程序的设计，主要是设计会计数据收集、整理、加工、处理、输出的程序，也就是会计核算组织程序。从原始凭证到记账凭证，再到会计报表，需要经过一系列的处理程序，不同的处理程序其效率与效果不同，企业需要根据自身的实际情况选择合适的程序。显然，会计制度设计时考虑的主要是会计核算问题，也是传统会计系统设计的主要内容。随着对信息技术应用的深入，社会对会计期望的增加、企业多元化经营及业务的日趋复杂及全球经济一体化趋势的演进，大量集团企业的内部交易频繁发生，为了真实反映集团企业整体情况需要编制集团合并报表。这导致会计系统的设计越来越复杂。对于一般财务人员与一般企业而言，会计系统设计越来越艰难，尤其在导入信息技术后，大多企业自身根本没有能力完成这一任务。会计信息系统的专业化、软件化成为社会的必然选择，一大批优秀的软件公司应运而生，国际上如SAP、ORACLE，国内如用友、金蝶、新中大、浪潮等，它们成了会计信息系统、管理软件的供应商。

　　相比较，传统会计时代的会计系统设计主要由企业的财务人员来规划完成，并随着经营业务、环境的变化不断进行调整。随着企业规模的扩大，分支机构的增加，企业不得不实行分散核算，会计成本越来越高，会计信息的及时性越来越差，企业管控也越来越困难。而在现代信息技术环境下，会计信息系统设计的专业化，既大大提高了会计系统建设的水平，也极大提升了会计信息系统的质量和服务功能，很好适应了现代企业经营管理发展的需要。从简单粗糙的单打独斗设计到专业化全社会参与的团队设计，会计系统的设计水平无疑有了巨大的升华。

二、信息技术的应用使建账过程快速、高效、高质量完成

建账是一个企业如何建立一套账来组织核算及管理的过程。在传统会计时代，建账与会计系统的设计是结合在一起的，设计过程也是一个建账的过程。到了信息技术时代，两者发生了分离。信息技术在会计上的应用极大改变了传统会计环境和会计工作内容，同时必然影响到会计系统的管理与控制，这无论从内容、范围，还是方法、要求来看都有很大的不同，它变得更为复杂，难度更大，风险更高，因此，与传统会计系统建账设计相比，信息技术环境下的会计系统（简称会计信息系统）的建账设计需要考虑的因素更多，问题也更复杂，尤其对管控要求较高的大型集团企业。当然，系统功能会更强大，效率更高，而会计系统设计这部分内容专业化以后对企业而言将带来巨大的好处。在传统会计时代，建账主要考虑采用什么行业会计科目、采用集中核算还是分散核算、会计科目分几级、账簿的格式内容如何、制定怎么样的会计政策和制度等内容，建账系统设计比较简单。会计信息系统建账是通过会计（管理）软件或平台来实现的。根据我国财政部《企业会计信息化工作规范》，会计软件是指企业使用的，专门用于会计核算、财务管理的计算机软件、软件系统或者其功能模块。会计软件具有以下功能：①为会计核算、财务管理直接采集数据；②生成会计凭证、账簿、报表等会计资料；③对会计资料进行转换、输出、分析、利用。显然，会计软件的功能早已超出了核算的范畴，为企业准备了较为强大的管理功能。除了会计软件，会计信息系统还包括软件运行所依赖的软硬件、人、规则、处理对象等组成部分，这些内容在传统会计时代很多时候是不存在的。另外，企业如何选择配备会计软件，配置什么层次的软件，应当根据自身技术力量及业务需求，考虑软件功能、安全性、稳定性、响应速度、可扩展性等要求，合理选择购买、定制开发、购买与开发相结合等适合自身的

方式来实现。对于大部分企业，尤其是中小企业，没有特别管理上的要求，可以通过购买通用会计软件模式来实现，这种软件质量比较高，功能强大，好学、易操作，实施成本低，甚至可以通过远程访问、云计算、财务云等方式实现；对于业务管理上有特别要求的企业，可根据自身的技术力量采取自主开发、委托外单位开发、联合外单位开发、购买通用会计软件和自行开发相结合等方式来实现；对于信息技术应用水平较好、管理要求高的企业，通常通过建设包含会计信息系统的管理系统来实现，将会计系统与业务、职能部门整合在一起，从企业管理的全局来掌控管理实现企业信息化。如许多大型集团企业在实施ERP系统过程的同时建设了会计信息系统，会计信息系统是管理系统、ERP系统最核心的组成部分。无论是软件系统的设计与应用，还是其运行所依赖的软硬件配置，其技术的复杂性及对知识背景的要求都远超传统会计系统。

三、系统设计功能的提升增强了会计服务功能和价值创造

虽然传统会计系统与会计信息系统或 ERP 系统都是系统，但其功能及复杂程度有很大的区别。传统会计系统的建设多属于财务部门的事，主要围绕会计核算而展开，系统的主要功能就是完成凭证填制、账簿登记和报表编制。而在信息技术环境下的会计信息系统，除了传统会计需要考虑的因素之外，更多的是在业务流程重组的基础上进行设计，紧密了会计与业务之间的联系，消除了许多冗余重复的环节和内容，不但实现了核算的自动化、高效率，而且将许多管理会计工具和方法融入核算中，实现了管理会计信息化，提升了会计的管理服务能力。以责任会计为例。信息技术下的责任会计系统能提供极其细化的核算资料，能及时反馈信息，为控制、评价、策略调整提供依据和支持，从而提升责任中心的管理水平。会计核算这个传统会计时代主要的工作内容在现代会计整个工作中只占比例很小的一部分，电子发票、云财务、财务机器人等彻底改变了会计人员的工作重心，网络化、平台化成为会计人员的主流工作方式，并突破了时空的限制，而对会计、业务、外关联数据的分析、解读、应用已成为或将成为会计人员的主要工作内容。同时，会计信息系统的功能得到了很大的提升。以集团企业合并报表编制为例。合并报表作为综合反映企业集团整体财务、经营及现金流动情况的工具，扮演着重要的角色，而要使合并报表真实反映企业集团整体情况，必须对内部交易中未实现利润及重复反映项目进行抵销和调整，而信息技术就可以支持设计一个实用、高效的合并报表系统，极大提升报表编制的效率。据本书作者调研某集团公司的统计数据，无论是报表编制速度，还是准确性都有极大程度的提高。

另外，从系统设计对运行环境和管理要求看，传统会计面对的主要是凭证、账簿、报表这些纸介质材料，通过制定若干的制度，配置合理的岗位即可执行，管理并不复杂。而在信息技术环境下，面对无纸化对象、程序化处理、后台操作、网络访问等问题，系统的维护管理要复杂得多、技术性更强，面临的风险更大，当然也带来许多便利之处，譬如，数据汇总传送极其快，节约了会计档案的存储空间，方便了资料的查阅和使用。因此，从系统设计的角度来看，传统会计系统与信息技术下的会计信息系统，无论是功能、效率，还是管理要求和风险控制，都有天壤之别。因此，从系统功能效率角度看，会计无疑实现了升华。

第二节　信息技术对会计系统运行（做账）方面的影响

　　传统会计与信息技术环境下的会计系统设计和运行过程并不同。传统会计系统在设计完成或者说建账以后，就直接投入使用开始会计循环之路，其会计循环参见图4-2。而会计信息系统则要经过初始化、试运行和运行几个阶段，而且初始化往往是一个时间比较长、工作比较烦琐却又极其重要的过程，一旦完成初始化步入正式运行阶段，即如凤凰涅槃般发挥巨大的优势，其基本功能模块与流程参见图4-3。

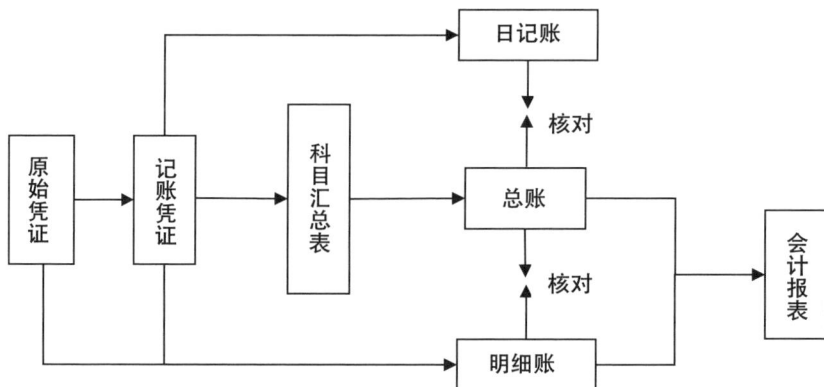

图 4-2　传统会计系统的会计循环

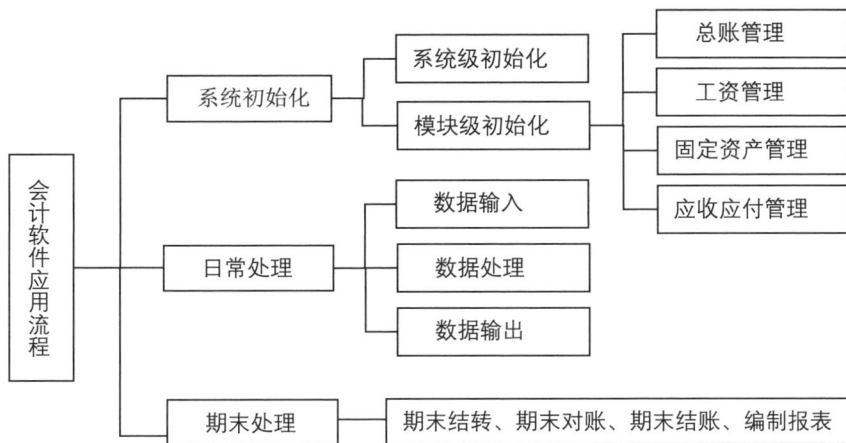

图 4-3　会计信息系统基本功能模块与流程

一、系统初始运行方式不同

传统会计系统中，系统在设计完成或者说建账以后，就可以直接投入使用，不存在系统的初始化过程。而信息技术环境下的会计信息系统主要通过软件平台来实现，它有一个初始化的过程，类似于传统会计系统的建账，具体包括单位基础数据的准备及业务的规范化、会计机构及人员配备、核算规则的设置及基础数据的输入或导入、试运行等内容。这是第一次使用会计信息系统时必须要面对的工作，而且对未来系统的应用有重要的影响，因此必须谨慎、细心，统筹兼顾，考虑周全。只有正确完成会计信息系统初始化工作后才能进入正式运行阶段。

二、日常运行内容的差异和功能提升

会计系统的日常运行也被称为会计循环，主要是完成填制凭证、登记账簿和编制报表的过程。这是传统会计实务的最主要工作内容，也是现代会计信息系统工作的重要部分，但却非主要工作量的内容。在本书第三章第一节中分析了信息技术对会计系统输入、加工处理、存储、输出环节的影响，并指出信息

技术带来巨大的会计变革。在传统会计时代，凭证都是以纸介质存在的，传递不方便且不及时，会计整个过程由不同的核算组和人员分工操作进行，并且为了保证操作的正确可靠，根据复式记账原理，账账核对、试算平衡等工作贯穿整个过程，处理环节多、速度慢、效率低。期末根据权责发生制的要求编制大量调整分录更是给会计人员带来巨大的压力。在信息技术支持下的环境里，数据信息存放在数据库中并在整个企业信息系统中共享，它既存储按会计要素进行货币计量，并分类、归并和综合化的价值数据，也存放着涉及企业最基本的经济活动和事项的数据。在这种情景下，生产传统财务报表信息仅是其工作量的一小部分，大量记账凭证自动模板化生成，可以轻易实现一键式记账和一键式生成会计报表，极大提升了会计核算工作的效率。更重要的是，不同信息使用者可以以事项数据为基础，借助计算机数据库技术、网络技术和计算机极强的数据处理能力生成不同的信息，包括高层的计划、预测、决策信息，中层的分析、控制、管理信息，以及大量的基层业务管理信息，而且可以不受时空的限制。另外，在纳税申报实务方面，同样可以突破时空的限制，实现网上申报处理。

无论从做账的效率角度，还是从会计实务提供信息含金量的角度，或是从会计参与管理的程度角度，信息技术的应用提升了会计实务的效率、提升了会计信息质量、提升了会计价值，助推了会计实务的升华。在实践中，对于大量重复性核算工作，可以开发财务机器人来完成，下面是一个财务机器人助力实现提升财务效率的一个案例。

元年科技开发财务机器人助力提升会计工作效率

RPA，作为AI技术在财务领域的先锋应用，正逐渐被企业竞相追逐。财务工作中存在许多结构化、重复且烦琐的劳动，它们禁锢了财务人员的时间与精力，如何把员工从这些工作中解放出来，优化整个企业财务流程作业，减少成本，提高效率，确保零失误，是当下很多企业思考的问题。2017年，元年科技开始发展"智能财务"，借助人工智能的关键技术和核心能力，形成企业财务和业务有机结合的整体智能化平台，为企业财务管理越来越呈现数据化、互联网化、智能化的发展趋势，为企业提供多方面、多层次的管理分析和经营决策支持。

RPA以轻量、高效、快速、便宜的特质跨出了"机器做事"的阶段，步入"相当于人做事"的新领域。RPA可以出色地完成大量重复性、定义清晰的、有固定逻辑而少有意外情况的工作，相当于人工15倍的超高工作效率、$7 \times 24h \times 365d$的无间隙工作时间、指定环境下零错误率的稳定工作质量都是它的强项。可以说，它是低成本、低风险的财物流程改造首选。目前，元年科技推出了企业级的RPA技术，元年RPA的应用模式，参见图4-4，具有以下功能：

（1）编制机器人指令程序，并将其发布到机器人服务控制器；

（2）为机器人分配任务指令，并监督其执行；

（3）与业务程序交互，执行指令；

（4）审查并解决执行问题，审核执行结果；

（5）机器人程序与软件应用程序进行交互，完成业务。

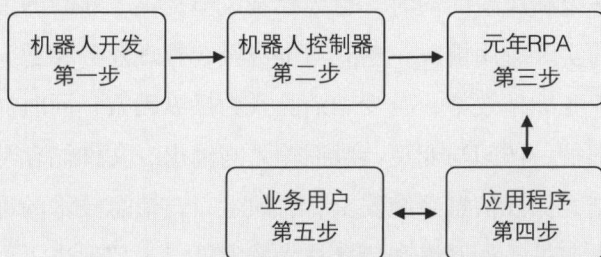

图4-4　元年RPA的应用模式

第三节　信息技术对会计内部控制与维护管理
（管账）方面的影响

内部控制是一个"仁者见仁，智者见智"却又极其重要的概念，不同的人、组织和社会决定了企业不同的内部控制形式，同时由于不同研究者的专业背景差异、研究对象及研究时间阶段的差异造成了对内部控制的不同理解。（吴水澎、陈汉文和邵贤弟，2000）学术界对内部控制的基本内涵还没有形成共识，至今仍缺少范畴意义上的概念定义（杨雄胜，2011），但这并不妨碍我们讨论内部控制问题。按照会计百科的解释，内部控制是为实现经营管理目标、组织内部经营活动而建立的各职能部门之间对业务活动进行组织、制约、考核和调节的方法、程序和措施。其内涵非常丰富，会计控制和信息技术控制是其两项重要的内容。信息技术应用必然衍生出信息技术控制问题，突出表现为信息技术在给内部控制带来全新风险的同时，也为控制风险提供了崭新的工具。企业需要结合信息技术的实际应用情况，建立与本身经营管理业务相适应的信息化控制流程，以提高业务处理效率，减少和消除人为操纵因素，同时加强对计算机信息系统开发与维护、访问与变更、数据输入与输出、文件储存与保管、网络安全等方面的控制，保证信息系统安全、有效运行。信息技术的进步与创新导致了内部控制概念演进，如网络和信息技术的发展，不仅促进了会计系统内人员内部职责的分工和角色分配的调整，也推动了其知识和技能结构的适应性改变，突破时空改变了其工作方式和信息交流形式。

一、信息技术带给内部控制崭新的工具和手段的同时也带来风险挑战

在传统会计时代，会计内部控制主要表现为会计组织内人与人之间的相互联系、相互制约，通过制定条文制度来实现控制目的，如职责分工制度、内部牵制制度等，控制手段和方法相对比较简单。在基于信息技术构建的会计信息系统中，所有交易事项数据、凭证分类数据都存放在信息系统文件中，数据的处理也在系统中完成。这就要求必须建立新的以保证计算机信息系统安全为目标的内部控制制度。一方面，对于大量控制内容可以通过程序化来实现高效控制，减少人工控制的高成本、低效率；另一方面，计算机系统是一个极为重要却又脆弱的系统，需要人精心维护，需要制定一定制度措施来控制风险，如人员职责分工制度、软硬件管理制度、文档管理制度等，而且许多内部控制措施需用计算机软硬件技术来实施，如人员操作口令控制、软件和数据的加密技术、会计数据自动检测程序等。随着互联网技术的广泛应用，控制的范围从会计组织内部扩展到整个企业组织乃至全社会，控制手段和方法体系变得更为复杂。如针对来自外部互联网的风险，要实施周界控制、大众访问控制、电子商务控制、远程处理控制等措施。同时，会计信息系统面临的风险更广泛，更复杂，对内部控制的要求也越来越高。随着信息技术与内部控制的逐渐集成和加深，我们必须保证信息系统的效率、安全性和完整一致性。

二、信息技术扩大了内部控制的内容和范围，对系统维护管理要求提高

从传统会计系统的运行管理看，主要涉及不相容职务分离控制和授权批准制度控制两种控制方法。会计信息系统的内部控制分为一般控制与应用控制。一般控制是指对计算机会计信息系统的组织、开发、应用环境等方面进行的控制，包括组织控制、应用系统开发和维护控制、计算机操作控制、系统软件控制、数据和程序控制等。应用控制是指具体的应用系统中用来预防、检测和更正错误，以及处置不法行为的内部控制措施。应用控制的具体内容随具体应用系统而定。这些控制措施一般可分为三类：输入控制、处理控制与输出控制。会计信息系统一般控制中的组织控制具体包括不相容职务的职责分离控制、内部审计控制、人事控制等内容，大致相对于传统会计系统的控制内容。其余控制内容基本属于会计信息系统新增的控制内容。如对于应用系统开发和维护控制，传统会计系统几乎不存在或很简单，而会计信息系统会随着信息技术的发展，人们对会计、管理理论和思想理解的加深，以及新问题或错误的出现，不断更新升级，但由于技术性强，需要由专门技术人员和软件公司来实施，同时，日常维护也变得越来越专业化。又如档案管理，传统会计系统的纸介质资料存放保管比较简单，而会计信息系统档案范围更广，大量电子档案文件存储条件和要求更高，管理制度更严格，但同时节约了大量物理存储空间，使用也更便利。

三、信息技术助推会计内部控制理论与实务的发展

信息技术一方面促进内部控制技术手段、方法的多样化，丰富了内部控制的内涵，同时控制内容范围的扩大化、复杂化既给会计带来挑战，又进一步助推内部控制理论的发展；另一方面，信息技术在提升效率，并带来全新的控制体系的同时，也面临风险挑战。"康美药业"舞弊审计失败案例是一个教训，值得我们警惕，其根源在于会计师事务所忽略了信息系统的审计。这也说明重视信息技术内部控制的必要性。因此，可以说，信息技术助推了内部控制理论和实务的发展与升华，更体现了内控的价值。

第四节 信息技术增强了财务管控能力，提升了财务管理水平

　　传统会计时代，受制于管控能力的限制，只能采用分权方式进行财务管理。由此产生如下所述问题：集团企业资金难以从整体上进行有效的配置，成员企业中，有的资金大量闲置，有的无米下炊，有的高成本寻求融资。在信息网络技术的支持下，信息交互变得极为便利，远程资金的划拨、收付和结算可以得到及时处理，使资金的集中管控成为可能，并彻底改变了集团企业资金的管控模式。财务集中管控方式在强化资金管理、降低外部融资成本、提高内部资金使用效率方面发挥了积极的作用。同样，对于收入管理，企业集团总部可及时掌握下属企业或分支机构的销售或营收状况，并掌握资金的回笼情况。另外，集中化管理模式在规范集团企业内部财务开支标准、统一报销制度方面起到积极作用，也为预算管理、绩效评价提供了良好支持平台。相较于传统会计时代，财务管理水平跃上了一个新台阶。

一、信息技术助力企业尤其是集团的资金管控水平提升

　　资金管控是企业极为重要的工作内容，尤其对集团企业而言，更是影响巨大。企业资金管理通常有集中式管理、分散管理及介于两者之间的相对集中式管理。每种模式各有特点，企业集团总部往往需要平衡各方利益进行选择。信息技术的应用改变了资金管控的环境、手段和方法，弥补了传统管理模式中的各种缺陷，可以构建整个集团一体化的资金信息管理系统，实现对企业集团的资金流、资金结算、资金调度和资金运作等进行系统化管理，大大提升资金配

置的有效性和使用效率。目前在企业实务界已经取得很好成效。如何加强资金管理,降低资金使用成本,提升资金的使用效率和效果是财务研究永恒的主体。下面是某著名民营汽车企业通过信息技术助力财务管理提升资金管理水平的一个案例。

儿控股集团有限公司借助信息系统助力提升资金管理水平

JL 控股集团有限公司(以下简称"JL"集团)始建于 1986 年,于 1997 年进入汽车行业。JL 集团一直专注实业,专注技术创新和人才培养,现已发展成为一家集汽车整车,动力总成,关键零部件设计、研发、生产、销售及服务于一体,并涵盖出行服务、数字科技、金融服务、教育等业务在内的全球创新型科技企业集团;旗下拥有多个知名汽车品牌,制造工厂分布全球各地,拥有各类销售网点超过 4000 家,产品销售及服务网络遍布世界各地;连续 9 年入围《财富》全球 500 强企业。JL 集团采用以资本为纽带的多级法人制,但此制度下组织层次复杂,地域分布广泛,资金管理链过长,资金管理难度大。近年来,中国汽车产业面临大变革、大变局的同时,迎来了电动化、智能化、网联化、共享化的新机遇。新市场业务布局对 JL 集团的资金管理提出了更精细化、自动化、高效化的运营要求,线下资金管理模式已无法适应快速变化的企业经营模式。资金的管理效率和方法很大程度上影响了整体的管控效果,如何提高资金利用率、控制资金管理风险成了 JL 集团发展中迫切需要解决的问题。

为提升资金管理效率,增强核心竞争力,保证集团资金链健康而有序地发展,JL 集团于 2019 年成立控股集团资金管理系统建设实施项目组,规划开展"先试点后全集团推广"的资金信息化系统开发项目,打造海内外适用的安全、高效、规范的综合性资金管理平台。资金管理平台的建立以资金为核心,以流程为纲要,以数据为支持,通过对财务业务的深入探索,在优化设计的同时提升资金管理运营效率,最大化资金效益，从而实现业务的闭环。JL集团资金管理平台在数字化的基础上，将集团海内外所有资金相关联业务板块进行整体规划、统一设计，从前端业务到业务管理中台，再到后端财务核算高度集成。实现资金一体化管理，辅以完善的财务管理政策，助力JL集团财务业务集中管理，协助JL集团有据可依地进行财务预测、财务风险规避，从而增强企业核心竞争力，开源节流，优化财务状况，提高资信等级，实现企业现金流的良性循环。

该项目应用信息技术构建"一张网"信息化管理系统。资金管理平台以SAP资金管理平台作为基石进行二次开发，将所有财务资金的流动都在系统进行自动记录，保证资金动向可追溯，规避错账、漏账风险。同时，将资金管理平台跟内部流程管理系统、人力资源管理系统、ERP管理系统、财务共享中心、经销商管理系统及影像系统进行集成交互；资金平台与外部各银行打通了数据流，方便企业进行结算、贷款或其他融资业务。图4-5是JL集团资金平台的总体框架。其中，各个领域系统的集成，大大减少了重复的手工作业，提高了员工体验感，实现了降本增效。该系统可以统筹管理海内外资金，严格银行账户管理，实行资

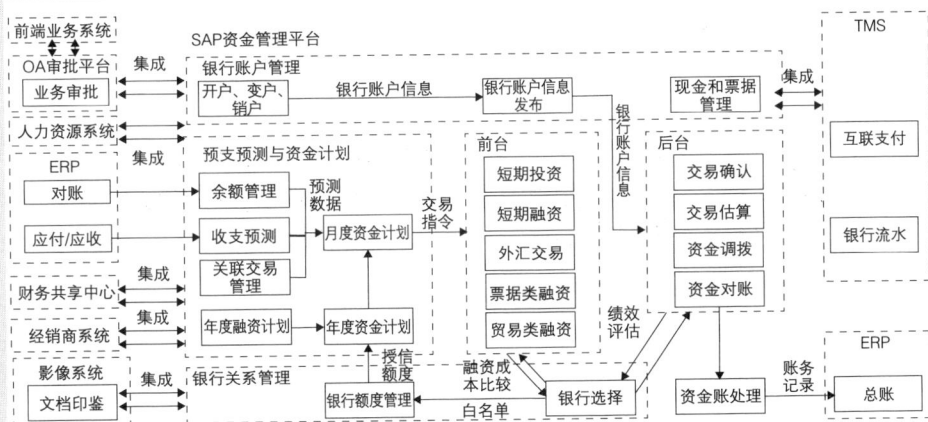

图4-5 JL集团资金平台的总体框架

金自动划转，增强了资金的流动性。上述项目的实施明显提升了资金的管理效率，解决了信息不通畅的问题，构建了海内外标准化资金管理体系，有力支持了企业发展。

二、财务共享的构建不仅提升了财务效率，而且为管理会计信息化、企业数字化奠定了基础

财务共享是信息技术应用水平提升后基于规模经济和资源整合的思想产生的一种新的管理模式。百度百科将其定义为：依托信息技术，以财务业务流程处理为基础，以优化组织结构、规范流程、提升流程效率、降低运营成本或创造价值为目的，以市场视角为内外部客户提供专业化生产服务。中兴通讯的陈虎将财务共享归为"五化"的过程，即财务专业化、标准化、流程化、智能化、信息化，认为财务共享服务是一场财务转型的工业革命，打破了企业部门之间的篱笆，用数据决策和创新，建立数字神经网络。Deloitte 曾调查了 50 家世界 500 强企业，发现共享服务项目的投资回报率（Return on Investment，ROI）平均为 27%，员工人数可以减少 26%。美国管理会计师协会（The Institute of Management Accountants，IMA）比较了 100 家世界 500 强企业中实施和未实施共享服务的公司，结果表明，所选择的 6 项共享功能的成本平均下降 83%。可见，财务共享在实务中发挥越来越明显的作用。

学术界对财务共享进行持续的研究和总结以完善财务共享理论，从而更好地理解和指导实践。程平和万家盛（2017）研究认为，财务共享服务是通过在一个或多个地点对人员、流程和技术等核心因素进行整合，把集团企业各分支机构的财务数据全部转移到财务共享服务中心，利用大数据和云技术手段，对所有有效数据进行具体分析和战略布局，为企业财务提供针对性服务。建立财务共享服务中心并实施有效的绩效管理机制，有利于企业财务工作实现转型升级，促使财务人员对自身工作内容和目标有更清晰的认识，进而发挥共享中心的一系列优势，为企业内外部客户提供稳定的优质服务。（张庆龙等，2012；刘娟，2017）财务共享能发挥规模效应，规范核算、降低成本、提高服务质量与效率、促进资源整合实现战略支撑已成为一种共识。然而，在实践中，财务共享服务中心从开始建立到平稳运行进而实现价值创造却是一个需要较长时间摸索的过程，需花费几年甚至更长时间。下面是华为成功实施财务共享及其发展演化的一个案例。

华为公司财务共享构建及发展历程

华为公司是一家国际知名的中国民营通信科技公司，具有全球领先的信息与通信技术。2021年，华为公司的总收入为6368亿元，净利润达到1137亿元。华为也是国内最早成功实施财务共享模式的企业之一，它在成功实施ERP的基础上搭建起海内外统一的会计核算系统，实现财务体系的规范化、标准化、流程化，在全球范围内陆续建立七大区域财务共享服务中心。2007年，华为公司借助财务共享，推进公司业财融合进行流程再造工程，为各分支机构进行赋能，构建配合业务布局设置相应的财务共享运营模式，让财务辅助业务，积极发挥财务人员的能动性。2013年，华为公司对财务共享服务中心的内部控制制度进行梳理，对可能影响财务报告结果的关键业务设立相应的测试指标，并逐步落入前端业务流程，确保财务共享服务中心数据质量的可靠性。2017年，华为公司开始实施新型战略规划，构建开放可信的云平台，为企业客户提供一站式的人工智能平台型服务。智能化将是财务未来的发展方向，必将对管理会计和财务转型产生颠覆性影响。

华为公司财务共享在满足自身需求的同时还可以对外提供服务，构建财务共享云，成为一个利润中心，正如中兴通讯的发展一样。图4-6是全球性公司——华为公司财务共享服务中心处理财报的效果。

共享效果　3天月度报告出初稿　→　共享效果　5天月度报告出终稿　→　共享效果　11天年度报告完成初稿

图4-6　华为公司财务共享服务中心处理财报系统效果

三、数据系统整合应用成为企业未来会计信息化、数字化的发展方向

数据是企业重要的资源，如何加以挖掘利用以增强企业核心竞争力，为企业创造价值是企业、国家、社会共同关心和讨论的问题。各种数据系统的构建目标都是提升工作效率，增强价值创造能力。随着信息技术的发展，大数据技术不断更新与迭代，数据管理工具飞速发展：从数据库、数据仓库、数据集市与数据湖，再到大数据平台、数据中台，它们都有相应的功能、特点，各尽所能地为自己的用户服务。然而，这些数据工具的开发、建设最终是要以投资回报率来支持，这需要我们冷静评估与思考。如有的企业建设大数据平台系统，投入了大量的物力、财力和人力，却发现并没有给自己带来多大的应用价值，更多地沦为"面子工程"，甚至产生了新的数据孤岛，更不用说实现数据能力的全局抽象、复用和共享了。为此，人们又思考开发数据中台，想凭借其全局的数据仓库、大数据协调共享等能力，解决重复开发、数据标准不统一、数据孤岛等问题，从而提高数据价值，实现效率和 ROI。数据中台建设的思想与目标是通过提供工具、流程和方法论，实现数据能力的抽象、复用和共享，赋能业务部门，提高实现数据价值的效率。信息技术在不断发展，企业竞争愈演愈烈，寄希望应用信息技术提升企业竞争力成为很多企业的选择，企业面临的压力越来越大，对会计的影响也越来越大，期望在持续发展中求得不断改进。

在会计实践中，许多企业积极主动融入信息技术浪潮中，花费巨资构建各类信息系统项目，甚至多到有点眼花缭乱。有的企业既实施了 ERP 系统，又上了财务共享项目，另外为了提升集团合并报表的编制效率建设了合并报表项目，还构建了其他一些业务及职能系统。虽然这些系统都发挥了应有的作用，然而也带来各系统间的分割而不能实现集成，各系统中数据有可能不一致而造成困惑，另外还存在数据孤岛、重复开发浪费资源问题，为此，如何梳理整合这些系统中的数据，使其真正为业务管理、战略决策提供服务仍然是一个亟待解决的问题。企业在不断打补丁的过程中提升信息技术的能力，提升数据应用能力。下面是一个基于财务共享基础上构建的数据中台项目案例，希望借此来说明如何提高财务服务业务水平。

HY公司构建基于财务共享推进财务职能中台化，以提升财务服务水平

HY集团股份有限公司（以下简称"HY公司"）是通过分立式改制组建的国有控股上市公司，主要从事空气3/23分离设备、石化设备和工业气体的生产及销售，公司有60多家分支机构分布全国各地。公司较早实施了SAP系统，有良好的信息化基础；2018年，HY公司财务共享服务中心成功构建运行。另外，公司还构建了其他一些系统。这些系统构建以后，积累了大量的数据，如何应用这些数据资源服务于管理，为公司创造价值成为管理层需要认真考虑的问题。因此，HY公司在财务共享服务中心的基础上进一步开发，融入数据中台思想，建成业财资一体化的管控服务型财务共享服务中心。它成功集成业务申请、审批、自动支付、过账等业财资一体化流程，提升了业务处理效率，完成了共享服务中心对标准化业务的专业化分工，实现财务管理管控前移，满足集团集中管控要求。HY公司基于财务共享推进财务职能中台化项目的实施，进一步推进了财务转型，为组织、个人赋能提升管理效率与效益。

中台是对当下处于大数据、智能化时代的一个新型操作系统的统称，是一种企业治理的方法论。YH公司基于财务共享推进财务职能中台化项目构建了业务中台、数据中台及组织中台，实现了财务转型向匹配"数据服务、智能应用、系统融合、共享中台"特征转换，实现了在"延伸共享职能中台化，推进技术加速进化，驱动财务数字化赋能，提升财务转型后对战略实施能力的强力支持"。应用过程中，打破原有财务类系统壁垒，构建新的微服务架构模式，"通过财务职能中台化借由'面、线'提高发现并处理'点'上问题的响应速度，更好地提升企业竞争力"，实现"融合中台思想，以共享服务中心驱动财务职能前后延伸，增强对企业运营的支持能力"管理目标。该项目实施效果明显，取得较好的

经济效益和社会效益，达到了以下成效：①快速响应，充分授权前台；②集约共享，发挥了中台规模效益；③智能决策，创新驱动后台。HY公司财务共享中台化项目基本架构及路径见图4-7。

融合中台思想，以共享中心驱动财务职能前后延展，增强对企业运营的支持能力

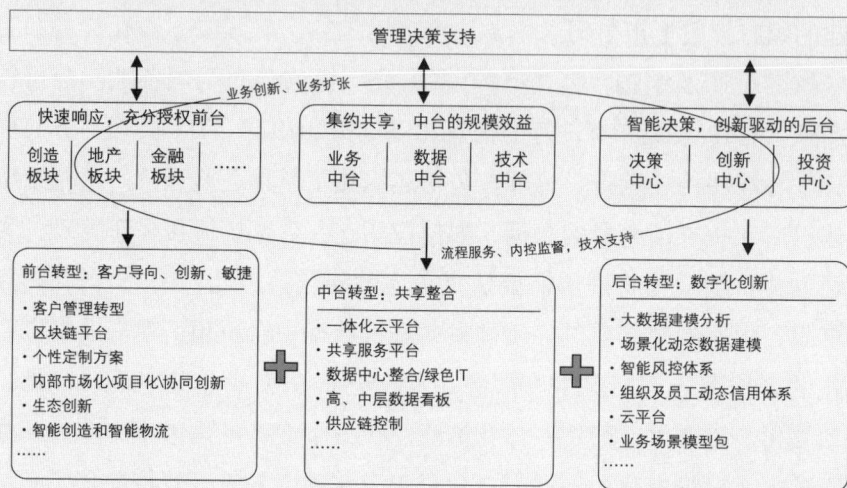

管理决策支持

业务创新、业务扩张

快速响应，充分授权前台	集约共享，中台的规模效益	智能决策，创新驱动的后台
创造板块 | 地产板块 | 金融板块 | ……	业务中台 | 数据中台 | 技术中台	决策中心 | 创新中心 | 投资中心

流程服务、内控监督、技术支持

前台转型：客户导向、创新、敏捷	中台转型：共享整合	后台转型：数字化创新
·客户管理转型 ·区块链平台 ·个性定制方案 ·内部市场化项目化协同创新 ·生态创新 ·智能创造和智能物流 ……	·一体化云平台 ·共享服务平台 ·数据中心整合/绿色IT ·高、中层数据看板 ·供应链控制 ……	·大数据建模分析 ·场景化动态数据建模 ·智能风控体系 ·组织及员工动态信用体系 ·云平台 ·业务场景模型包 ……

图4-7 财务共享中台化项目基本架构及路径

第五节　信息技术助推会计实务升华

前文中信息技术对会计实务的影响分析，大致可以总结为两点：信息技术助推会计效率、形象提升和信息技术助推会计价值创造。

一、信息技术助推会计效率、形象提升升华了会计

从会计实务的效率看，计算机、网络技术、人工智能等各种技术的应用很大程度上替代了原手工会计工作，把会计人员从烦琐重复机械的劳动中解放出来，极大提高了会计工作效率，降低了成本。尤其对集团企业而言，众多的分支机构，众多的内部交易抵消业务及缺乏统一规范的核算情况，给集团企业报表的编制带来极大的挑战，信息技术几乎完美地解决了这一问题。通过信息技术构建一体化的资金管控系统，可以轻松统筹集团资金，实行集中管理，大大提升了资金的利用效率，降低了资金成本。信息技术改变了会计实务的形象，将会计从低级无技术含量的社会分工中解放出来，提升了其在社会分工中的地位。

二、信息技术助推会计价值创造升华了会计

会计的基本工作目标是经济业务或事项的数字（数据）化，而信息技术使数据电子化、无纸化，网络信息技术则使数据交互传送便利化，并使数据的价值得到极大的利用和挖掘，从而使数据信息化并大力辅助管理决策。这使人们重新认识数据的价值，进一步推动数据的资源化、资源的资产化、资产的证券化，延伸发展形成一个庞大的数字产业。信息技术让从烦琐机械重复的劳动中解脱的会计人员，将更多时间和精力投放到辅助业务管理及各种预测、控制、

决策的活动中，通过这些活动发挥会计的价值创造功能。会计是信息生产者，又是会计信息的使用者和管理者，会计所具有的独特的优势使其在未来的企业数字化过程中发挥越来越重要的作用。会计不再是会计，会计依然是会计，这就是信息技术影响和融合下会计的未来；会计已经是升华了的会计，这正是信息技术对会计影响的总结。

第五章

信息技术助推审计升华

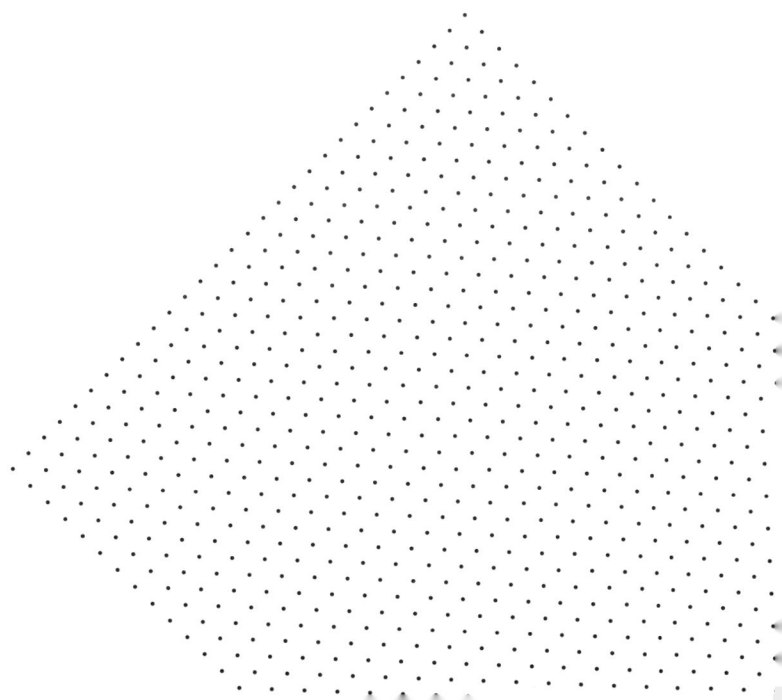

　　审计是对会计的再监督，与会计有着密不可分的关系。审计史学家理查德·布朗（Richard Brown）曾指出，"审计的起源可追溯到与会计起源相距不远的时代"。信息技术对审计的影响很大程度上源于信息技术对会计影响的传导，是一种"逼上梁山"。信息技术极大改变了会计系统及会计环境，作为主要的审计对象，审计的具体内容及环境发生了根本性改变，审计的技术方法和手段必然相应地调整，审计人员的技能要求也必须改变，还伴随着审计理论、审计准则、审计管理等方面的调整变革。信息技术在冲击审计的过程中，伴随着审计变革和如何迎合及应用信息技术及进一步的融合问题。信息技术提升了审计效率和效能，增强了审计能力，拓展了审计领域，使审计进入一个新的发展时期。尤其近年来大数据技术在审计中的应用，影响更为深远，在政府政策审计、环境审计、经济责任审计等方面发挥了积极的作用。相比传统审计的大量手工收集数据、手工编制工作底稿和人工分析计算，取证技术的单纯和渠道的狭窄，信息技术环境下的审计无疑可以说实现了升华。本章从信息技术对审计的影响出发，表明审计不得不去适应，从而引起全方位的变革，通过赋能发展提升审计的逻辑进行阐述。

第一节　信息技术对审计环境的影响

信息技术改变了商业环境，改变了信息载体和存储方式，改变了信息传送和表述的方式，改变了整个会计系统，同时，通过赋能极大提升了对审计数据的处理能力，这也改变了对经济进行鉴证和评价的审计环境。审计环境是指与审计的存在、发展密切相关，影响审计思想、审计理论、审计实务的各种内外因素的总和。其中，技术因素对审计的影响最为直观明显，并可能会进一步助推审计理论和审计思想的发展。信息技术使审计由传统纸质环境时代走向计算机信息系统环境时代。所谓计算机信息系统环境，在我国《独立审计具体准则第 20 号——计算机信息系统环境下的审计》中有论述，是指注册会计师审计的重要会计信息由计算机处理生成的情形。《国际审计准则》对此也有论述，当一个单位对审计有重要影响的会计信息是由任何类型或大小的计算机处理生成时，就存在计算机信息系统环境，无论该计算机由本单位操作还是由第三者操作。会计信息系统的计算机化深刻影响了传统审计。

一、 信息技术环境下的审计对象和审计内容发生了根本性改变

审计的主要对象是会计系统本身及其生成的数据。审计会计系统本身主要指评价系统的严密性和可信任性，以及是否建立了严格的内部控制并得到有效的执行，它对会计数据的生成结果具有极其重要的影响。审计数据则主要用于审查加工过程的正确性和内在逻辑的一致性。信息技术的应用极大改变了会计环境与会计系统本身，也极大改变了审计的环境和对象。传统会计系统本身比较简单，数据以纸质形式记录在凭证、账簿和报表中，审计对象比较显性，审

计三者之间内在的勾稽关系及一致性。信息技术应用下的会计系统（简称会计信息系统）发生了根本性改变，它通常是由计算机、服务器等硬件设备及软件系统构成，数据处理程序化、隐性化，系统变得复杂，对系统评价变得困难，需要更多相关计算机及网络安全等技术的支持。此时，系统的可靠性成为审计的重要关注内容。如果系统的应用程序有错误，则计算机只会按程序以同样错误的方法处理所有的业务，后果不堪设想；系统如果被嵌入一些非法的舞弊程序，将导致会计信息的失真和财产的损失。因此，计算机环境下审计的内容应包括对会计信息系统的处理和控制功能的审查，评价其合法性和安全性，同时，还应提倡在系统的设计、开发阶段进行事前和事中审计。这些内容都是传统审计所没有的内容。对会计系统的评价是审计的基础，这是信息技术环境下对审计的重要挑战。

会计信息系统是信息技术环境下会计系统的一个新的称谓，它有两层含义：第一层就是会计系统本身，指功能的可行性和完善性；第二层包含数据文件、人、规程制度等各方面要素内容，是一个完整意义上的信息系统概念。会计信息系统审计，简单讲就是对会计信息系统进行的审计，这里指的是第一层意义上的概念，是指收集并评估证据以判断会计信息系统是否有效做到保护资产安全、维护数据完整并最有效率地完成组织目标的活动过程，它既包括信息系统外部审计的鉴证目标，即对被审计单位的信息系统保护资产安全及数据完整的鉴证，还包含内部审计的管理目标，即信息系统的有效性目标。我国信息系统审计准则第三条对信息系统审计有个定义，是指由组织内部审计机构及人员对信息系统及其相关的信息技术内部控制和流程开展的一系列综合检查、评价与报告活动。它主要从内部审计的角度提出对信息系统的要求，是属于内部控制的范畴。无论是对内部审计还是外部审计监督，信息系统审计都是一个绕不开的坎，都必须评价其安全性、可靠性、有效性，尤其对信息化程度高和高度依赖信息技术的企业，必须收集充分的证据评价信息系统，才能选择合适的实质性审计策略，否则很可能落入"假账真审"的尴尬境地。在资本市场，这种案例并不少见。因此，我们必须充分考虑信息技术风险，即组织在信息处理和信息技术运用过程中产生的、可能影响组织目标实现的各种不确定因素。信息技术风险包括组织层面的信息技术风险、一般性控制层面的信息技术风险及业务流程层面的信息技术风险等。因此，进行信息系统审计时，审计人员应当识别组织所面临的与信息技术相关的内外部风险，并采用适当的风险评估技术与方法，分析及评价其发生的可能性及影响程度，为确定审计目标、范围和方法提供依据。下文是"康美药业"财务造假审计失败的一个案例，其根源在于忽略了信息系统审计程序。

"康美药业"财务造假审计失败案例分析——信息系统审计缺失

一、案情回顾

康美药业股份有限公司（以下简称"康美药业"）成立于1997年，2001年3月19日在上海证券交易所主板上市，证券代码为600518，证券简称曾为"康美药业""ST康美"，现简称"*ST康美"。公司强调要在国家振兴中医药事业战略的指引下，率先布局中医药全产业链，以中药饮片为核心，以智慧药房为抓手，全面打造"大健康＋大平台＋大数据＋大服务"体系，成为中医药全产业链精准服务型"智慧＋"大健康产业上市企业。它是曾经的A股上市医药名企之一和"千亿市值"的白马股。

2017年4月至2018年8月间，康美药业先后披露多份（半）年度报告。2018年10月15日晚，互联网上出现自媒体文章，质疑康美药业披露的上述报告中存在财务造假。

2020年5月，中国证监会认定康美药业《2016年年度报告》《2017年年度报告》《2018年半年度报告》存在虚假记载和重大遗漏，财务造假性质、类型与前述自媒体文章基本相同。康美药业、负责康美药业财务审计的广东正中珠江会计师事务所（以下简称"正中珠江"）及相关责任人均受到行政处罚。

经调查，2016—2018年上半年，康美药业合计虚增营业收入275.15亿元，占同期公告营业收入40%以上，虚增营业利润39.36亿元，占同期公告中营业利润的三分之一。

为了配合虚增的营业收入，康美药业通过财务不记账、虚假记账，伪造、变造大额定期存单或银行对账单，伪造销售回款等方式虚增货币资金。

相比于以应收账款挂账方式虚增营业收入的造假手段，有现金流入配合的造假稍微高明了一点。但不管高明与否，造假都会导致相应科目虚高，前者是应收账款，后者是货币资金，总会露出马脚。

2016年年报中，康美药业虚增货币资金225.49亿元；2017年年报虚增299.44亿元；2018年半年报虚增361.88亿元。2018年年报，虚增的内容变成了在建工程、投资性房地产和固定资产，虚增的数额也骤减至36.05亿元，康美药业甚至承认了2017年底账上有299亿元的货币资金不见了。

二、案情审计责任分析

如此系列长期财务造假问题，为什么审计没有发现？2021年2月18日，《中国证券监督管理委员会深圳监管局行政处罚决定书》（〔2021〕11号），对正中珠江处罚依据及广州中院一审判决责任显示：

（1）正中珠江出具的康美药业2016年、2017年、2018年年度审计报告中存在虚假记载。康美药业2016年、2017年、2018年年度报告存在虚增收入、虚增货币资金等虚假记载行为，正中珠江对康美药业2016年、2017年财务报表出具了标准无保留的审计意见，对康美药业2018年财务报表出具了保留意见。

（2）2016年和2017年年报审计期间，正中珠江未对康美药业的业务管理系统实施相应审计程序，未获取充分适当的审计证据。捷科SCM30新架构供应链系统（以下简称捷科系统）是康美药业的业务管理信息系统，金蝶 EAS 系统是康美药业进行账务处理的信息系统，正中珠江相关审计人员明知康美药业捷科系统的存在，却未关注捷科系统与金蝶 EAS 系统是否存在差异，未分析差异形成的原因及造成的影响，未实施必要的审计程序。具体包括：在财务报表层面了解信息技术的运用时，未涵盖业务管理系统；正中珠江了解金蝶 EAS 系统时，未执行审计程序了解金蝶 EAS 系统与捷科系统之间数据的勾稽关系；正中珠江实施风险应对措施时，未从业务管理系统中获取审计证据。

（3）正中珠江对康美药业 2016 年财务报表的审计存在缺陷，包括内部控制测试程序存在重大缺陷等，如未识别捷科系统与金蝶 EAS 系统存在的差异及其产生的原因并判断对财务报表的影响。

三、审计启示

信息化时代构建的业务、财务、管理等各类信息系统，都是我们审计的对象，需要进行认真的风险识别与评估。它们往往是技术性较强的系统，一般审计人员可能难以胜任，必要时必须借助外部拥有计算机背景的人士进行信息系统审计以降低风险。我们绝不可以盲目信任被审计单位，免得"假账真审"带来审计风险。因此，对会计信息系统的审计应该引起我们重视。如果正中珠江重视业务管理系统存在的风险，重视其与财务系统的不一致并进行取证分析，可能就不会遭受"灭顶之灾"。

二、被审计的信息载体发生了根本性改变

在计算机环境下，数据产生、录入、处理、传递、存贮及存取方式发生了很大变化，其中最核心的问题就是数据的电子化。电子数据的无形性、不稳定性、易改动性和技术性使我们对数据的正确性和可靠性产生疑问，即便是现在法律和技术方面有了很大的保障，但甄别和审查的高技术要求很多时候也使我们力不从心，而且带来高昂的审计成本。由于不同的企业信息技术应用水平存

在很大的差异，有些企业的交易或事项几乎完全电子化，系统中所有数据都是源于第一手的电子数据，而有些企业主要依赖于纸质数据转换而来。目前实务中大致有以下几种情况和特点：

（1）信息化程度高的企业，主动适应电子商务及电子发票的环境，大量交易数据电子化，并与信息系统无缝对接，很少有纸质数据，数据以电子化形式为主进行管理，这种情况对数据管理要求很高。

（2）部分信息化程度较高的企业，原始凭证呈现混合式，既有纸质凭证，也有电子发票凭证数据，但对纸质类数据均通过一定方式如影像技术、扫描技术等转换成电子数据予以存储和管理，以后将不再在数据处理过程中使用，但纸质凭证数据与电子数据并存管理。

（3）对于大部分企业而言，企业无论取得的是纸质凭证数据还是电子发票类数据，均以纸质形式进行管理，同时将其转换到机器可识别的输入介质上，以后不再在数据处理过程中使用。这种情况下，电子发票数据被打印出来，以纸质形式进行管理，企业处于信息化初级阶段。

（4）除了原始凭证数据，数据处理过程中产生的中间数据和最终结果数据均以电子数据及文件形式存储，只有在规定及例外情况下才打印纸质报告。

（5）保存在磁介质上的数据除非借助一定信息技术工具，如计算机系统、手机等，否则无法阅读。

数据载体形式及存储管理方式的改变，对审计的技术和方法产生了重大影响，在对审计带来极大便利提升效率的同时也带来一些挑战，因为对电子数据的验证和审查远比纸质凭证要复杂得多，技术性更强。电子化的审计对象、电子化的审计环境使我们很多审计人员面临执业的不胜任而需要强化学习信息技术知识及技能的问题，同时在审计实践中必须足够谨慎评估信息技术环境下隐含的风险。下面是资本市场上轰动一时的公司利用信息技术手段进行财务造假未被发现而导致审计失败的另一案例。

瑞幸咖啡财务造假——内控失效、未被发现而导致审计失败

瑞幸咖啡成立于 2017 年 6 月，发展迅速，到 2019 年末门店数量超过 4500 家。瑞幸咖啡于 2019 年 5 月 17 日登陆纳斯达克，是世界范围内从成立到 IPO 最快的公司之一。知名做空机构浑水于 2020 年 1 月 31 日发布针对瑞幸咖啡的做空报告，直指瑞幸涉嫌财务造假，门店销量、广告费用、其他产品的净收入均被夸大，2019 年第三季度的门店营业利润被夸大 3.97 亿元。2020 年 4 月 2 日，瑞幸咖啡向美国证券交易委员会（United States Securities and Exchange Commision，SEC）提交公告，承认财务舞弊，涉虚假交易额 22 亿元。2020 年 7 月 31 日，中国证监会宣布：瑞幸咖啡财务造假调查处置工作取得了重要进展。当天，财政部发布瑞幸咖啡境内运营主体会计信息质量检查结果：自 2019 年 4 月至 2019 年末，瑞幸咖啡通过虚构商品券业务增加交易额 22.46 亿元，虚增收入 21.191 亿元，虚增成本费用 12.111 亿元，虚增利润 9.081 亿元。2020 年 12 月 16 日，美国证券交易委员会宣布：瑞幸咖啡同意支付 1.8 亿美元和解对其会计欺诈的指控。2021 年 2 月 5 日，瑞幸咖啡在纽约申请破产保护。

瑞幸咖啡的会计造假事件造成了恶劣影响，但为什么公司的内部控制及外在的审计监督无法阻止和发现造假问题？分析瑞幸咖啡会计造假手段：一是虚构交易。瑞幸咖啡拥有独立的 APP 和微信小程序，销售采用线上预订加线下自提或外送的方式，线上接受每笔订单时，其 APP 都会生成一个 3 位数的取餐码。取餐码照理是按顺序生成的，然而瑞幸咖啡人为地通过系统随机跳号的方式夸大销量，以实现虚增销售收入。据浑水做空报告，瑞幸咖啡 2019 年第三季度门店销量虚增了 69%，第四季度每家门店每天的销量至少夸大了 88%。二是虚增单件商品的净售价。公司披露其 2019 年第三季度单件商品的净售价达到 11.2 元，而浑水的实地调查结果表明瑞幸咖啡单件商品的净售价不到 10 元，虚增幅度高

达 12%。另外，瑞幸咖啡在虚增销售收入的同时，同步虚增了相关的成本费用，以实现利润平衡。

在这个造假事件中，关键点在于交易系统的失控：一是作为内部监督的企业内部控制存在漏洞，或者被人为操纵，失去风险的防控能力，如果是管理层刻意造假，这一道防火窗没有任何意义；二是作为外部监督的注册会计师没有尽到勤勉的责任，没有对交易系统及业务数据进行严格的评估，缺乏应有的职业谨慎性，导致虚假收入没有被发现的严重造假问题。信息技术改变了商业模式，改变了商业环境，改变了审计对象，无论是独立的 APP 还是微信小程序都是一种新型的电子系统，而这个系统是否可靠？是否有可行的内部控制？是否被操控？都是隐性不可见的，需要审计人员评估，而这需要专业的拥有计算机背景知识的审计人员，非一般审计人员可胜任。如果缺失这个审计程序，必将带来隐患风险，而实施也需要花费额外的成本。这个案例的教训是审计必须与时俱进，要结合信息技术的特点，合理评估风险，并保持应有的职业谨慎性，而不能有侥幸的心理。

第二节 信息技术对审计理论的影响

一、对审计基本理论的影响

审计基本理论是指对审计活动具有普遍指导性的各种概念框架，包括审计目标、审计假设、审计职能、审计本质、审计原则和审计概念体系等内容，它具有相对的稳定性。信息技术虽然改变了审计环境，改变了审计的具体对象和内容，改变了审计方式方法，但这些都是外在表面性的，并未改变审计实质、目标及职能，也几乎不会影响审计假设、审计原则及审计概念等方面；相反，信息技术有利于审计职能更好地履行、审计目标更好地实现，甚至可以拓展审计领域和审计目标。信息技术带给审计的是审计能力和效率的提升，同时环境的复杂化对审计实务、审计准则、审计技术和方法带来一些新的挑战，使这些方面面临适应性调整与变革。

二、对审计标准和审计准则的影响

信息技术应用使得审计对象、审计线索、审计方法等方面发生了变化。基于传统审计工作中建立并指导审计实践的系列审计标准和审计准则已不能完全适用于变化了的情况，这就需要调整、增补或制定新的适应于信息技术环境下的审计标准和审计准则来指导审计实践。例如：会计信息系统内部控制评价标准的制定；修订、建立新的经济和审计法规制度以应对无纸化审计环境带来的问题，包括电子证据的法律承认、电子签名的法律认定、电子合同的法律认可等；制定对电子商务审计的一般要求、电子商务事前审计准则、电子商务安全评价标准和电子商务内部控制准则等。审计标准和审计准则是审计工作的重要指南，必须对其前瞻性地做好调整和准备工作。

我国负责各类审计准则制定的机构与时俱进，在这方面做了很多工作。如我国注册会计师协会作为制定独立审计准则的机构，一方面修订了相关审计准则，较早发布了《独立审计具体准则第 20 号——计算机信息系统环境下的审计》，对计算机信息系统环境下的审计提供指南。我国内部审计准则协会制定了信息系统审计准则，对信息系统审计的目标、人员要求、审计计划、审计内容、审计风险评估、审计方法等方面做了较具体的规定，如第十条要求审计人员编制信息系统审计方案时，除遵循相关内部审计具体准则规定，还应充分考虑以下因素：①高度依赖信息技术、信息系统的关键业务流程及相关的组织战略目标；②信息技术管理的组织架构；③信息系统框架和信息系统的长期发展规划及近期发展计划；④信息系统及其支持的业务流程的变更情况；⑤信息系统的复杂程度；⑥以前年度信息系统内、外部审计所发现的问题及后续审计情况；⑦其他影响信息系统审计的因素。这些准则的规定一方面是为审计人员提供指南，提醒审计人员在信息系统审计时要充分考虑信息技术风险，同时间接对审计人员提出要求，努力学习提升信息技术技能，避免因不胜任而带来职业风险；另一方面发布《中国注册会计师胜任能力指南》，它对推动行业人才教育、考试、培训等相关制度的改革完善，提高行业人才培养的制度化、科学化、规范化水平，有着积极的指导作用，因为行业人才选拔和培养质量是提升审计质量的重要基础。如《中国注册会计师胜任能力指南》第十四、十五、十六条提出了对注册会计师的信息技术知识要求：①信息技术改变了注册会计师发挥作用的方式。注册会计师不仅应当具备使用信息系统、应用信息技术控制的技能，还应当能够与团队一起在评价、设计和管理信息系统方面发挥重要作用。②信息技术知识至少应当涵盖下列学科领域：A. 信息技术的基本知识；B. 信息技术内部控制的相关知识；C. 应用信息技术的相关知识；D. 信息系统的评价、设计和管理知识。③信息技术知识的内容至少应当包括：A. 组织和会计信息系统；B. 个人系统应用控制相关知识；C. 信息系统在组织和会计中的应用，特别是财务会计与报告信息技术系统及其相关的现实问题与发展；D. 财务会计与报告信息技术系统中的控制评价与风险评估框架。另外，在我国内部审计具体准则中也有类似的内容。

三、对审计技术方法和手段的影响

计算机环境下审计的对象发生了极大的变化，大量的数据、证据存贮在磁性和光介质上，审计人员仅仅依靠传统的审计方法来进行审计困难重重，甚至束手无策。为此，必须考虑到审计对象的种种变化，借助、应用新的技术方法来实施。例如，针对被审计数据的电子化，必须借助计算机等工具获取和使用数据而不可能要求被审计对象提供传统纸质打印的资料；由于许多内部控制是嵌入程序自动运行的，评价这些控制措施的方法必须面向计算机系统；如会计数据以磁介质、光介质等文件形式存储，就需要有不同于审计手工处理会计信息的方法。尤其在网络化实时处理系统中，审计人员很难让系统在某一特定时间停下来接受大规模数据测试，因此，采用实时审计技术显得尤为重要。又如审计人员往往要在系统运行的同时进行审计，要采用由整体检测法或受控处理法等进行系统测试的审计方法。Excel 工具、数据库、审计软件及其他计算机技术是计算机审计常用的必不可少的工具。目前计算机会计信息系统的审计方法可分为三大类，即间接审计方法、直接审计方法和计算机辅助审计方法。

（1）间接审计方法。间接审计方法也称绕过计算机系统审计方法（Auditing Around the Computer）。它不理会电算化会计信息系统如何处理和控制，也不审查机内各种数据文件，而只是对输入数据和数据处理的打印输出进行检查，用以推断程序中是否存在必要的控制措施、控制措施的可靠性，查明会计数据处理是否适当。这种对打印输出的会计凭证、账簿和报表进行审查，既可以推断出应用控制的有效性，又能对数据文件进行实质性测试。这实际上是用传统的审计方法审计现代计算机环境下的会计信息系统。在审计实践中，这种方法越来越少用，它是一个从手工时代向信息化时代过渡过程中的权宜之计。

（2）直接审计方法。直接审计方法也称通过计算机审计法（Auditing Through the Computer）。它不仅审查会计信息系统的输入、输出数据，而且直接审查会计信息系统本身，包括审查会计软件和机内数据文件、测试系统数据处理方法及内部控制措施的有效性。直接审计法的审计内容相对广泛，方法多，常用的包括程序流程图检查法、程序指令检查法、程序运行状况记录检查法、控制处理方法、控制再处理法、程序比较法、并行审计控制法、平行模拟法、测试数据法、远程审计法、虚构单位法等。这种审计方法的使用需要具备良好的计算机及语言的背景知识，并聘请专家予以支持。

（3）计算机辅助审计方法。计算机辅助审计方法也称利用计算机审计法（Auditing with Computer），是指利用审计软件、计算机辅助工具等完成某些审计任务的方法。目前，国内已经开发出多款审计软件，从数据导入、数据处理形成工作底稿到审计结论及报告的形成，可以实现高效化的审计，大大提升了审计效率。以审计软件为例，一般都有比较强大的功能，包括：①存取文件，以读出不同组织方式和存取方式的数据文件；②重新组织文件，即将文件中的记录按审计目的重新进行分类、合并、排序；③抽样，能在给定可靠度和精确度及样本标准等条件下计算样本容量，进行随机抽样或系统抽样，并能计算出样本的平均数、标准差及进行统计分析；④计算，能对文件中的数据进行加、减、乘、除、小于或大于等运算，以验证利息支出、折旧额、合计数等；⑤比较，如将存货实际数（输入）与存货文件中的结余数进行比较；⑥复制，将某文件中的记录复制到另一文件中；⑦查找和打印，如查找敏感性强的业务数据、例外数据并打印出来；⑧编表，将审计数据或结果按审计人员期望的格式打印出来。另外，还可以利用办公自动化软件辅助审计，如① Word 和 Excel 在出具审计报告时的结合应用；②利用 Excel 辅助审计编制工作底稿；③利用 Excel 辅助分析性复核；等等。随着信息技术的发展，一些新的技术也被应用到审计中，如大数据技术辅助解决了许多审计中的难题，助力提高审计取证能力。

大数据技术与大数据概念密切关联，理解了大数据的含义也就基本了解了大数据的技术。研究机构 Gartner 将大数据定义为：需要新处理模式才能具有更强的决策力、洞察发现力和流程优化能力来适应海量、高增长率和多样化的信息资产。麦肯锡全球研究所将其定义为：一种规模大到在获取、存储、管理、分析方面大大超出传统数据库软件工具能力范围的数据集合，具有海量的数据规模、快速的数据流转、多样的数据类型和价值密度低四大特征。大数据的数据量特别大、数据类别特别复杂，这种数据集不能用传统的数据库进行转存、管理和处理，必须采用特别的技术即大数据技术来处理获得某些结果。2015年9月，我国国务院印发《促进大数据发展行动纲要》，系统部署大数据发展工作。目前，大数据技术已在存货、生物资源、环保等多方面审计中得到应用，并发挥了一些特别作用。大数据是互联网技术发展下数据超载、技术进步共振下产生的结果，可以从技术、理论及实践三方面来进行简单描述，见图5-1。

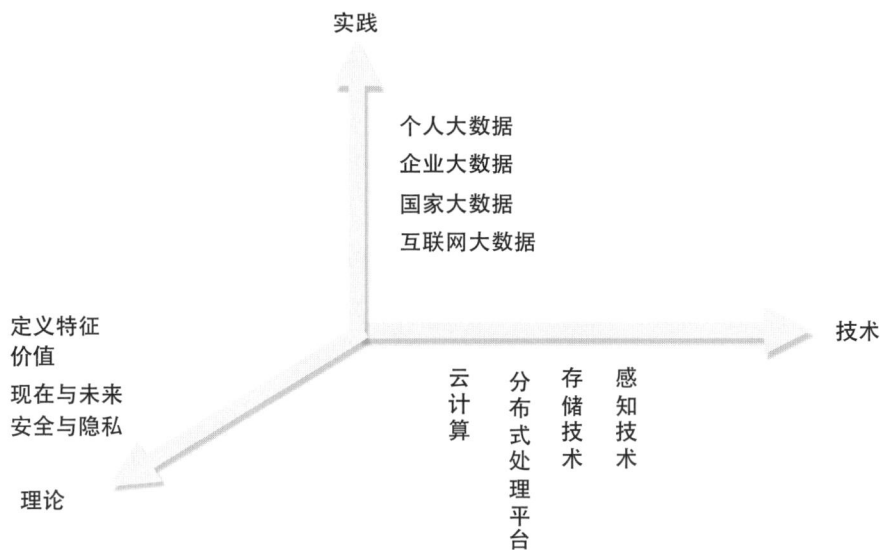

图 5-1　大数据发展的三维结构关系

大数据及大数据技术在实践中的应用最典型的案例是中国证监会借助地图大数据技术查处獐子岛"扇贝大逃亡"事件。

獐子岛反复上演"扇贝大逃亡"，证监会借助地图大数据技术查处真相

从 2014 年到 2019 年，上市公司獐子岛反复上演"扇贝大逃亡"：跑了，死了……六年四次"扇贝大逃亡"。獐子岛"扇贝事件"在资本市场闹得沸沸扬扬，为其服务了 8 年的审计机构——大华会计师事务所不得不尴尬地解除了与其合作的审计服务合约。证监会虽然怀疑其极可能有舞弊行为，却一直无法取证查处，极其尴尬。

獐子岛是一家水下养殖企业，其产品及存货主要是生物资产，占据比例很大。这些存货具备普通企业存货所没有的特点，而且通常品种繁多，生产周期长。由于生物资产的生命受自然环境和生态环境影响大，一旦出现灾害，存货将面临减值的风险，而减值准备的计提受主观因素影响大，而且此类生物资产由于多在水中，难以直接观测，存货的计量与确认容易受到人为操纵，这给存货项目审计带来诸多不可控的因素，审计人员面临如何做出恰当的职业判断和可能会带来的审计风险。在审计过程中，审计人员虽然实施了必要的监盘，然而，所计提减值的存货位于水下，提高了监盘的难度，审计人员面临无法确切取证的问题。传统审计方法面临巨大的挑战。

2020 年 6 月，"扇贝去哪儿"终于迎来最终季，证监会对獐子岛做出市场禁入的决定。证监会在对獐子岛的调查中，发现獐子岛的每艘作业船只上，都装有北斗导航系统，这一装置是渔政部门为了预防船只在海上相撞而要求配置的。证监会正是借助北斗导航系统破解了"扇贝之谜"，它委托包括中科宇图科技股份有限公司在内的两家第三方专业机构运用地图大数据技术还原了采捕船只的真实航行轨迹，复原了公司最近两年真实的采捕海域，进而确定实际采捕面积，并据此认定獐子岛的成本、营业外支出、利润等存在虚假。至此，獐子岛的"扇贝闹剧"终于落幕。对獐子岛的处罚才盖棺论定。

大数据技术为我们审计打开了新应用大门。

第三节　信息技术对审计实务的影响

审计技术对审计实务的影响最为直接，关系到审计目标的如何实现及能在多大程度上实现。审计的主要工作是鉴证与评价，核心的工作是取证。信息技术在深刻影响审计的同时也为审计工作提供了极大的便利，拓展了审计发展空间。

一、取证能力的提高和数据来源渠道的拓展

传统审计有检查、监盘、观察、查询、函证、计算和分析性复核等七大类审计方法，它们适用于不同的审计目的、不同的审计内容，为取证发挥了重要的作用。随着被审计数据系统的计算机化、程序化、虚拟化及审计对象的电子化，传统审计取证方法或者有些不合时宜或者被赋予新的含义，一些新的审计取证方法应运而生。随着社会信息化程度的提高，数据外溢为审计提供新的证据来源。随着信息技术的发展，信息技术在审计中的应用大大提升了审计人员取证的能力。例如：大数据技术为林业生物资产、环境资源的审计提供了强有力的取证支持，而传统审计方法很难实现取证；网络爬虫等技术可获取多渠道多样化的辅助审计证据，增强了审计评价依据；大数据技术可支持审计由抽样审计向全面审计发展，在国家政策等审计方面发挥了积极的作用。"总体分析，发现疑点，分散核查，系统研究"成为大数据下审计的重要指导思想；网络审计、在线审计，既极大便利了审计取证，提高了审计效率，降低了审计成本，也增强了审计的监督威慑力。因此，无论在审计取证能力还是数据来源渠道方面，信息技术都起着积极的作用。

二、助力审计效率提高

审计效率是指审计工作实践中发生的审计成本与审计成果之间的比率关系。它受众多因素影响，包括审计工作的组织、审计人员的素质、审计的方法等，其中如何运用先进科学的审计方式方法是提高审计效率的关键。信息技术无论在获取数据及取证、编制审计工作底稿、数据处理分析及计算等方面都有人工无法比拟的巨大优势，对 Excel 工具、数据库技术、python、大数据技术、审计软件等的应用大大提高了审计效率。在信息技术应用程度较高的情况下，可一定程度上实现审计自动化、流程化，只要导入电子审计数据，就可以形成基本的审计结论，再经过适当的检查、调整、复核、补充，最终完成审计报告。

Excel 是审计实务中应用极其广泛的工具，随着应用的深入，已经被开发为一个审计软件，实现了许多审计工作的自动化处理。审计人员只要输入采集的数据，各类审计工作底稿就能自动生成，基本的审计结论及问题就显露出来了，审计人员只要做些核查、调整及综合工作，审计结论就可以形成。审计报告也可模板化，只要做些调整就可以形成初步审计报告。一句话，审计的大部分工作都可以实现流程化，这极大减少了审计人员编制审计工作底稿、计算、分析性复核等工作量，提升了审计效率。

三、审计难度提高，审计风险增大

信息技术环境下审计对象发生了巨大的变化，一方面是审计数据的电子化、无纸化、虚拟化，另一方面是被审计信息系统的复杂化。相比传统系统及纸介质数据审计，信息技术环境下的审计增加了许多传统审计所没有的内容，包括信息系统的内部控制系统审计、应用程序审计、数据文件审计、系统开发审计等，对这些内容的审计，对技术性的要求大大提高，不但需要掌握一般的审计方法，还需要懂得和掌握计算机、工程、系统理论等各方面知识与技能，否则很容易陷入"假账真审"的窘状，导致审计失败。上述"瑞幸咖啡事件"中，审计人员没有发现和揭示其交易系统及数据存在的问题，导致假数据真审计。另外，对电子数据的辨伪与证实的技术要求及复杂程度也远远超过纸质数据。为此，审计机构及审计人员经常面临是否对信息系统进行审计的尴尬选择：选择审计面临高额的成本（对大多数中小会计师事务所而言可能本身不胜任，需要向外求助），选择信任可能面临"假账真审"风险。

四、信息系统审计是审计实务中绕不开的一项既重要又关键的内容

内部控制是审计绕不开的一项内容，除非采取全面审计。在信息技术基础上构建起来的系统，无论是会计系统还是各种业务管理系统，其内部控制的内涵、手段、方法等各方面较传统意义上以条文制度形式为特征的内部控制已发生了巨大的变化。会计信息系统审计的核心就是对其内部控制进行审计。我国信息系统审计准则第五章规定了相关内容，其中第十八条对信息系统审计的内容有个解释：信息系统审计通常包括对组织层面信息技术控制、信息技术一般性控制及业务流程层面相关应用控制的审计。信息技术内部控制的各个层面包括人工控制、自动控制和人工自动相结合的控制形式，审计人员应根据不同的控制形式采取恰当的审计程序。组织层面信息技术控制是指管理层及治理层对信息技术治理职能及内部控制重要性的态度、认知和措施，审计人员应关注公司层面的信息技术战略规划、组织架构、治理体系、人员管理及岗位配置、培训教育、系统流程及执行情况、信息沟通及保障措施等问题。它是信息系统环境控制方面的内容，与传统内控审计对控制环境的了解一样，只是具体内容不同而已。信息技术一般性控制是指与网络、操作系统、数据库、应用系统及其相关人员有关的信息技术政策和措施，以确保信息系统持续稳定运行，支持应用控制的有效性。信息技术一般性控制也属于环境控制的内容，属于系统应用环境方面的控制，包括信息安全管理、系统变更管理、系统开发和采购管理、系统运行管理等方面内容。业务流程层面应用控制是指在业务流程层面为了合理保证应用系统能够准确、完整、及时完成业务数据的生成、记录、处理、报告交易等功能而设计、执行的信息技术控制。它主要是对应用软件的应用控制活动，与数据输入、数据处理及数据输出环节相关。

信息系统审计是一项比较复杂又困难的内容，如果审计人员评估被审计单

位当前面临特殊风险或需求，就可以申请专项审计以满足审计风险控制的需要，如实施信息系统开发项目专项审计、信息系统安全专项审计、 信息技术投资专项审计等等。信息系统审计必须采取各种方法来获取充分、适当的审计证据以评估信息技术内部控制的设计有效性和执行有效性，一般可以采用询问与控制相关的人员、观察特定控制的运用、审阅文件和报告、进行穿行测试、验证系统控制和计算逻辑、登录信息系统进行系统查询、利用计算机辅助审计工具和技术等方法。在充分获取审计证据的基础上评估信息系统内部控制风险情况，可为后续审计提供指导和选取审计策略。信息系统审计是审计实务的一大挑战。前文中瑞幸咖啡、康美药业等财务造假的审计失败都与不重视信息系统审计有关。

第四节　信息技术对审计组织及职业技能的影响

信息技术在带来审计便利及提高效率的同时，也带来管理及职业技能提升的要求，对审计组织及审计人员最明显的影响是审计人员执业知识和技能要求及审计方式的改变。因为审计的对象是一个计算机系统，审计人员需要运用计算机设计和应用审计软件，构建信息化审计系统。

一、对会计师事务所审计质量管理及人才配置的影响

信息技术环境下的审计环境复杂化和审计对象电子化给审计工作带来巨大挑战，如何保障审计质量，如何确保审计人员高质量完成审计任务，成为会计师事务所急迫要解决的问题。一方面，会计师事务所要强化审计质量控制，配置适宜的审计力量与团队，为此，需要对原有组织机构架构进行调整，根据自身规模及业务特点，决定是否专门配置信息系统的审计团队，负责对信息系统的可靠性、合法性及内部控制的适当性等方面进行评价，避免对信息系统"暗箱"的盲从而导致"假账真审"。如果企业规模小，设置专门信息系统审计团队有困难，就要有相应的寻求外部专家帮助的制度安排。另一方面，要提升审计人员的执业能力。审计人员的审计技能会严重影响审计质量。为此，会计师事务所既要加强对现任审计人员的培训，引导他们自我学习提升审计技能，又要在新员工招聘过程中严格把好质量关，并重视新员工的岗前培训。

二、对审计人员个人技能的影响

"国以才立，政以人治，业以才兴"。审计人员的执业能力是关乎审计质量、审计成败的关键。随着时代的变化与更新，审计人员需要不断学习新的知

识与技能以适应新时代环境。审计在助力经济发展、维护资本市场秩序、提升国家和公司治理水平方面都发挥了积极作用。社会对审计人员的要求越来越高，具备一定的信息技术能力是对审计人员不可或缺的基本要求。信息技术环境下的审计人员，要胜任计算机环境下的审计工作，不仅要具备丰富的会计、财务、审计、金融等方面的知识和技能，熟悉审计的政策法规、审计标准及其他审计依据，还必须掌握一定的计算机知识及其应用技术，包括熟练应用 Excel 工具、数据库技术、审计软件及其他信息技术的能力。审计人员需要不断学习以适应现代信息系统的审计，终身学习是未来审计人员的不二选择。其目的是能充分了解信息技术可能给审计带来的风险。这一切都需要审计人员努力学习，通过提升信息技术技能来适应审计发展，避免因不胜任而带来职业风险。

《中国注册会计师胜任能力指南》对注册会计师应该具备的知识与能力做了详尽的规定，包括专业知识、职业技能、职业价值观、道德与态度及实务经历等多个方面。其中，专业知识中就包含对信息技术知识的要求，并做了具体规定。随着信息技术的不断发展，其在会计审计领域中的应用及影响将不断拓展与深化。2022 年影响会计人员的十大信息技术分别为：财务云、会计大数据分析与处理技术、流程自动化（RPA 和 IPA）、中台技术（数据、业务、财务中台等）、电子会计档案、电子发票、在线审计与远程审计、新一代 ERP、在线与远程办公、商业智能。其中在线与远程办公、商业智能是第一次上线，尤其五大潜在影响技术——金税四期与大数据税收征管、业财税融合与数据编织、大数据多维引擎与增强分析、机器人任务挖掘与智能超级自动化、分布式记账与区块链审计对我们很多审计人员而言可能只是概念或略有耳闻。上海国家会计学院刘梅玲老师对几项新技术应用进行了解释：①业财税融合与数据编织，指一种新型的数据整合方式，特点是数据依然放于原数据库，在原数据库外部建立数据之间的关联关系和数据整体的管理策略。②大数据多维引擎与增强分析。大数据多维引擎可提高机器处理数据的能力和速度，其中关系型联机分析处理（Relational On-Line Analysis Processing）提升海量数据多维整合、查询性能，多维联机分析处理（Multidimensional On-Line Analysis Processing）

支撑管理会计多维建模、分析；增强提高业务人员分析与处理数据的能力和速度，借助易于使用的增强分析工具，业务人员可以轻松进行数据探索，获得数据洞见。③任务挖掘和超级自动化：超级自动化可实现任务层级（如上传、下载等具体界面操作）和流程层级（如销售到收款、采购到付款等业务流程）的自我创建、自我运行和自我优化，无须人工干预。④在线审计和远程审计。在线审计即持续审计，可用于国家审计和内部审计中的日常审计，通常涉及指标的在线持续监控、指标异常的自动报警等；远程审计与现场审计相对应，旨在完成非现场的审计工作，如审计取证、审计底稿意见沟通、审计报告意见沟通等。⑤分布式记账与区块链审计。区块链旨在通过分布式账本、共识机制、块链结构和时间戳、数字印章等技术和机制，实现参与者之间的信任关系构建。其中，分布式账本解决的是数据透明存储的问题，共识机制解决的是数据认可方式的问题，块链结构、时间戳和数字印章解决的是数据安全问题（包括不可抵赖和防篡改）。信息技术的持续发展也要求会计审计人员不断提升个人技能。

　　本书认为，在线与远程办公、商业智能这两类技术并不是什么新技术，早已应用多年。互联网尤其是移动互联网技术的发展与应用使会计在线与远程办公条件成熟；而商业智能的概念及应用更不是一个新的概念，也许正是信息技术解放了会计人员，并使其向数据处理与分析转型才使商业智能这个概念被逐步重视。对于金税四期与大数据税收征管、业财税融合与数据编织、大数据多维引擎与增强分析、机器人任务挖掘与智能超级自动化，都是对数据的整合与分析，其中金税四期与大数据税收征管对企业税收管理而言是一个巨大的挑战与风险，金税四期大数据技术几乎将所有企业及个人的涉税数据透明化，一切不合理的税收筹划、不合规的纳税行为都将被监控，会计人员面临巨大的税务风险，作者很赞同将其排在潜在影响第一位。至于业财税融合与数据编织、大数据多维引擎与增强分析则是数据的整合与分析应用，这是未来会计的发展方向。而机器人任务挖掘与智能超级自动化则是前面流程自动化的一种强化，是未来智能财务的一种缩影。这几种技术代表着未来财务的发展方向。在这些被关注的技术中，与审计直接关联的有在线审计与远程审计、分布式记账与区块链审计两种。在线审计与远程审计已经应用多年，并连续多年被列入影响中国会计人员的十大信息技术。从理论上讲，只要互联网足够发达，这个技术应用就没有问题，也许是因为其在现实中的推广并不那么顺利，所以才持续被关注与重视。对于分布式记账与区块链审计，作者并不看好而认为是一种热点概念，因为实施成本很高，它的最大优点是去中心化并且最大限度解决了信息的安全问题，然而对源头上就设计的舞弊行为并没有多大意义。另外，上述其他技术如流程自动化、机器人任务挖掘与智能超级自动化等也完全可以应用于审计中，实现流程化、智能审计。随着信息技术的发展，能应用于审计的技术必将越来越多，我们也有更好的技术与条件来提升审计能力和审计质量，直至实现智能化审计，但我们也不要忘了根本——对专业知识、价值观和道德素养的提升，一切寄托于信息技术将容易犯本末倒置之错。

三、大数据思维及技术应用成为未来审计的一种重要方式与技能

大数据及技术带给审计最重要的影响是拓宽了审计取证范围，增强了审计人员审计取证的能力，为审计判断和结论的形成提供了更充分的可能证据。大数据审计本身在聚焦审计重点、疑点和发现问题方面有着极大的优势，可明显提升审计效率，但大数据审计往往需要与现场审计结合起来应用，只是审计的一部分或一个环节，一般很难取得直接证据。"总体分析，发现疑点，分散核查，系统研究"是对大数据审计流程的基本总结。当前，大数据审计在我国国家审计中应用得相对比较多一些。在注册会计师审计中，一般较少涉及大数据审计问题。因为严格意义上讲，对单个企业审计不太符合大数据概念，但我们可以利用大数据审计技术辅助解决审计中面临的一些难题，如獐之岛的"扇贝逃跑事件"，还有一些环保资源审计，传统审计技术和方法几乎很难适用，审计单位常常面临巨大的审计风险。大数据审计的核心问题是对数据按一定业务规则进行分析，它随着计算机处理能力的增强，特别是云计算、云存储技术的发展起到了关键的支持作用。图 5-2 是数据分析的一般发展路径，相对应的是我们对数据应用能力的提升，也意味数据价值得到挖掘。作者认为，虽然大

数据审计在注册会计师审计中应用不多，但意义远超其本身，它拓宽了审计人员的思维，他们可以在更加宽泛的意义上采集相关联的审计数据，并且有了更多的数据比对验证，这无疑有利于提升审计质量，也为审计发展开掘了一个新领域。

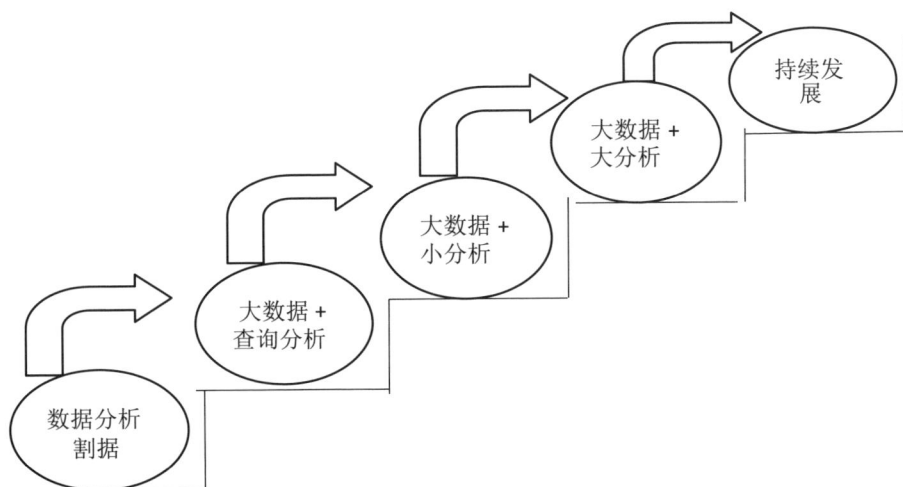

图 5-2　大数据分析发展阶段

第五节　信息技术助推审计升华

信息技术赋能使审计在获取审计数据、数据分析复核及取证、数据管理等方面带来极大的便利，减少了许多重复、低效的劳动。尤其大数据技术的应用使审计人员的审计能力得到很大的提升，拓展了许多新的审计领域，审计工作被我国政府空前重视。信息技术或信息化使审计发展进入一个新阶段，我们完全可以说信息技术助推了审计的发展和升华。

一、信息技术助推审计效率提升，减少或替代了许多重复性低效率低技术含量的审计工作，升华了审计职业形象

信息技术的应用极大提升了审计的工作效率。在传统审计中，无论是获取审计数据还是查询数据，无论是取证还是编制工作底稿，无论是指标计算还是分析性复核，都是低效烦琐的，其中包含了大量的重复性工作，使审计人员的大量时间花在这些基础性却无多大技术含量的工作中，严重影响了审计效率。信息技术具有极其方便及强大的获取数据和查询功能，极强的数据处理能力极大提升了审计工作底稿的编制效率，从而使审计人员可以腾出更多时间关注审计重点、疑点，有更多时间思考和多渠道调查取证以进行审计判断，提高审计质量。信息技术在赋能提升审计效率的同时，也让审计人员重新认识自身的职业，升华了审计职业形象。

二、信息技术助推审计能力提升，拓展了审计领域，升华了审计的社会形象

要适应信息技术环境下的审计工作，必须具备一定的信息技术应用能力。

从 Excel 工具、数据库技术、审计软件等应用辅助审计到当前的大数据技术在国家政策、环境保护、自然资源等方面审计的广泛应用，信息技术强大的数据处理和数据管理功能迅速拓展了审计领域；而在线审计与远程审计不仅仅方便了审计，降低了审计成本，更是增强了审计的监督能力和力度。审计能力的提升增强了社会对审计的需求，无疑也增加了审计对社会的价值贡献，升华了审计的社会形象。

三、信息技术助推审计理论的发展，升华了审计职能与目标

恩格斯说过："社会上一旦有技术上的需要，这种需要就会比十所大学更能把科学推向前进。"信息技术环境下的审计，在审计环境、审计对象、审计技术方法和方式等方面都发生了深刻的变化。审计实践的变革必然会对审计理论产生一定的影响，虽然信息技术在审计中的应用并没有从根本上改变审计目标、审计假设、审计职能、审计本质等基本审计理论，但对审计准则内容的调整、补充、完善还是极其显著的，一些新的审计准则产生，审计目标和审计职能的具体内涵也变得更为丰富。尤其在国家审计方面，由于大数据技术的广泛应用，对审计的发展和影响会更显著。无疑，信息技术助推了审计理论的发展，升华了审计本身。

第六章

信息技术助推会计职业升华

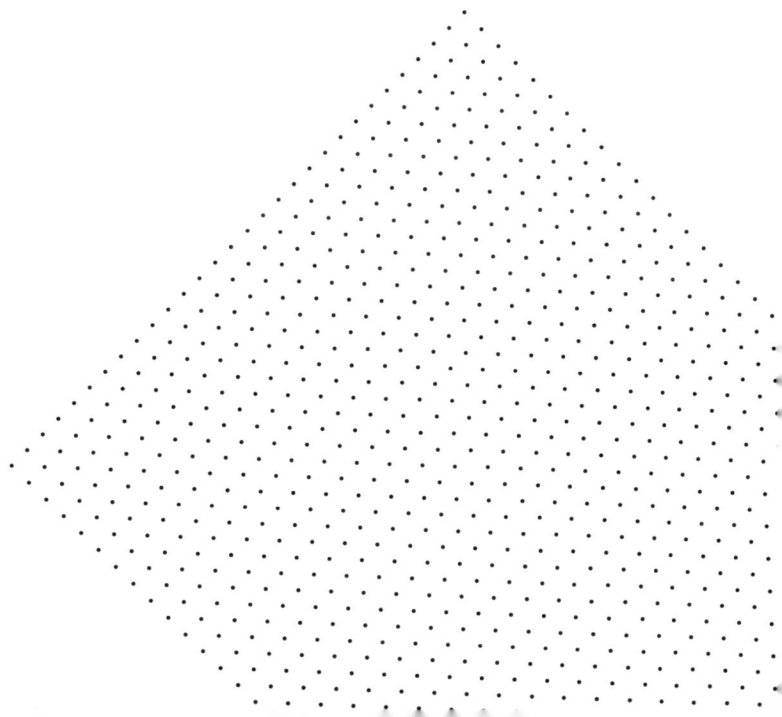

信息技术极大程度影响了会计及担当此工作的会计职业，使其工作内容、工作方式、知识及技能要求、社会形象发生了巨大改变。马斯洛需求层次理论将人的需求分为低级与高级两个层次，从低级向高级发展是人境界的提升过程。会计职业实质上是一个经济学的投入产出（回报）问题。传统会计系统的低技术、低工艺使得会计人员的主要工作和精力只能是完成核算与监督过程，而这些工作的重复性、烦琐性自然不会使会计人员拥有良好的职业成就感和满意度。信息技术的赋能改变了会计人员的工作重心，使他们从核算角色转向管理角色，从被动地反映过去转向主动监测与分析现在乃至决策未来，会计人员的形象、地位、职业成就感都得以极大地提升，即信息技术助推了会计职业的升华。同时，会计职业的知识体系及能力要求面临适应性调整。本章将从经济学视角解释会计职业，并基于马斯洛需求层次理论分析信息技术赋能会计职业的升华及其面临的挑战与应对策略。

第一节　信息技术应用对会计职业的影响

一、流程化处理导致大量传统岗位消失

随着信息技术在会计中应用水平的提升及两者的日益融合，会计正向信息化、数字化、智能化转变。其中一个重要改变是对企业整体业务流程的重组，是基于全局性协同、集中、共享的信息管理，由于剔除了众多冗余、重复、不产生价值的环节与工作，许多相应岗位将从此消失，对会计核算岗位的影响尤其明显。目前信息化是一个主要以 ERP 理论为基础，以整合电子商务为方向，实现业务与会计、财务的协同，物流、资金流、信息流紧密结合通畅的管理信息系统。由于原始业务凭证的无纸化传输，业务数据分类及记账凭证的自动生成，以及包括账簿分类、成本计算、报表编制等汇总计算处理的程序化自动运行，传统意义上的会计岗位几乎全部消失。在整个会计循环工作中，会计人员的核心工作就是对部分会计数据的审核与分类，即记账凭证的编制管理工作，这主要由于会计业务及环境的日益复杂，还无法做到全部记账凭证的自动生成与管理，在某些情况下还需依靠财务人员的职业判断进行人机对话处理。正是这个原因，会计职业不会消亡，但面对的业务及环境的日趋复杂，需要更多的专业判断与思辨能力，而对传统工作的需求日益收窄，相应地，对管理、经济、金融等关联知识、综合应用能力的要求会越来越高。

二、新岗位、新需求产生

信息技术在会计中的应用及信息化普及在消灭了大量传统的会计核算岗位的同时，也产生了一些新需求、新岗位，如数据处理分析员、数据管理员等，

这些新的岗位要求从业人员掌握数据的处理与分析技术，熟悉会计业务流程，对数据有较强的敏感性，以及较好的经济管理、金融、法律等相关知识结构与素养。在信息化环境下，会计人员应主动转变理念，深刻认识到其核算职能已被计算机程序所替代而逐步消失；要积极树立向企业管理服务转变的理念，利用现代信息技术，对企业经营活动的过程进行实时对比和实时分析，通过指导、调节、约束、促进等措施和手段管理企业的经营业务，使会计的控制职能得以充分发挥作用，实现会计由传统控制职能向实时控制职能转变，并据此为企业管理提供预测决策支持，从而为企业提高经营效率和效益做出贡献。新岗位、新需求既是未来会计职业发展的希望，一种职业的升华，也意味着挑战。

三、会计职业人才的专业素养要求提高

会计信息化、数字化使会计人员从烦琐机械式的重复劳动中解脱出来，但却失去了这些工作，基于信息化环境下的会计人才不得不去适应新的需求，而这些新岗位往往是高级的管理活动。流程化的管理使管理的重心从传统的日常管理转向异常、例外的控制，甚至事前的预防，管理重心在监控及应急处理方面，还有一些无法程序化处理的决策活动或为决策提供支持的活动。会计人员要承担这些管理性的工作，对其职业素养、知识结构必然提出新的要求，除了传统的对会计基本理论、方法技能及职业道德方面的要求外，还要掌握数据处理与分析技术、熟悉管理理论与方法及具备一定的决断力等，更多体现的是一种综合应用能力。这些职业要求并不是通过简单的培训学习就可以达到，而是需要长时间的实践、训练、思考积累而成。这也对会计教育提出新的挑战。

第二节　会计角色的转变与马斯洛需求层次理论

一、马斯洛需求层次理论的基本观点

马斯洛需求层次理论把人的需求分成五类，依次由低到高为：生理需求（Physiological needs）、安全需求（Safety needs）、爱和归属感需求（Love and belonging）、尊重需求（Esteem）和自我实现需求（Self-actualization）。其五个层次的具体内容与会计职业对比参见图 6-1。马斯洛需求层次理论基本观点（彭聃龄，2003）如下：

（1）五种需求是最基本的，与生俱来的，构成不同的等级或水平，并成为激励和指引个体行为的力量。

（2）低级需求和高级需求的关系：马斯洛认为需求层次越低，力量越大，潜力越大。随着需求层次的上升，需求的力量相应减弱。高级需求出现之前，必须先满足低级需求。在从动物到人的进化中，高级需求出现得比较晚，婴儿有生理需求和安全需求，但自我实现需求在婴儿长大后出现；所有生物都需要食物和水分，但是只有人类才有自我实现的需求。

（3）低级需求直接关系个体的生存，也叫缺失需求（deficit or deficiency need），当这种需求得不到满足时直接危及生命；高级需求不是维持个体生存所绝对必需的，但是满足这种需求使人健康长寿、精力旺盛，所以叫作生长需求（Growth need）。高级需求比低级需求复杂，满足高级需求必须具备良好的外部条件：社会条件、经济条件、政治条件等。

（4）在人的高级需求产生之前，低级需求只要部分满足就可以了。例如，为实现理想，不惜牺牲生命，不考虑生理需求和安全需求。

（5）个体对需求的追求有所不同，有的对尊重的需求超过对爱和归属的需求。

马斯洛需求层次理论虽然分析的是个人的心理行为运行轨迹，但同样可推广到解释社会、职业等方面的发展历程，因为从低级到高级是事物发展的基本规律。任何事物在满足一定条件下都会走向适应性变革之路。信息技术在会计中的应用引发会计从低级走向高级正是适应了这个发展规律，它们有异曲同工之处。

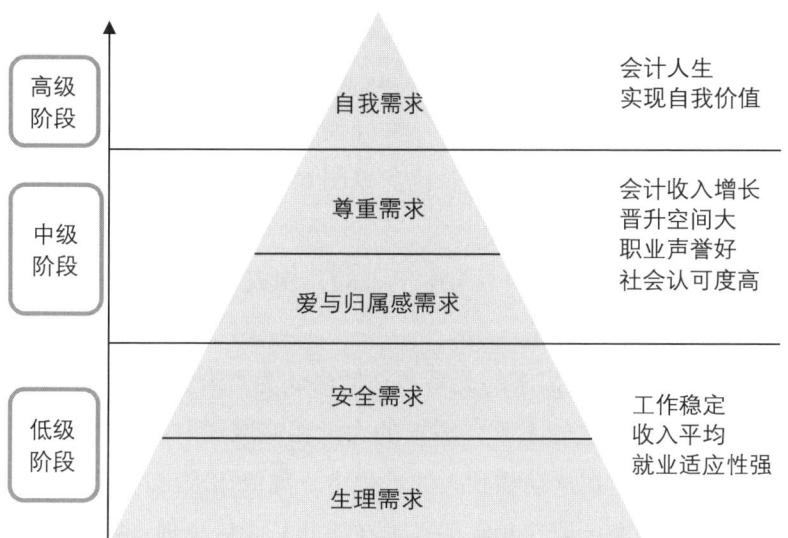

图 6-1 马斯洛需求层次理论内容与会计职业

二、会计发展历程与会计角色

会计的发展大体上可分为三个阶段：第一阶段为古代会计阶段，第二阶段为近代会计阶段，第三阶段为现代会计阶段。古代会计阶段是指从旧石器时代的中晚期至封建社会末期的漫长时期，其所运用的技术方法主要涉及原始计量记录法、单式账簿法和初创时期的复式记账法等。这期间的会计所进行的计量、记录、分析等工作是同其他计算工作混合在一起的，经过漫长的发展后，才逐步形成一套具有自己特征的方法体系，成为一个独立的管理工作。近代会计阶段的时间跨度一般认为应从 1494 年意大利数学家、会计学家法拉·卢卡·巴其阿勒所著《算术、几何、比及比例概要》一书公开出版开始，直至 20 世纪 40 年代末。此间在会计的方法、技术与内容上有两点重大发展：其一是复式记账法的不断完善和推广；其二是成本会计的产生和迅速发展，继而成为会计学中管理会计分支的重要基础。现代会计阶段的时间跨度是自 20 世纪 50 年代开始的。此间会计方法、技术和内容的发展有两个重要标志：一是会计核算手段方面有质的飞跃，即现代电子技术与会计融合产生"计算机会计"；二是会计伴随着生产和管理科学的发展而分化为财务会计和管理会计两个分支。会计的发展史表明，会计的产生和发展同人们对经济管理和经营决策的信息需求是分不开的。如前所述，随着信息技术在会计中的应用日益深化，基于我国经历的 40 多年实践总结，计算机会计又可分为会计电算化、会计信息化（狭义）和会计智能化三个阶段（唐清亮，1986；刘勤和杨寅，2019）。与会计工作相对应的会计职业，作为社会分工的一个部分，其角色、工作内容、工作重心、职业形象都发生了巨大的改变。图 6-2 是会计角色演变发展过程，越往后发展变迁速度越快，其中第一个"账房先生"角色历经几千年，直到计算机应用于会计后才逐步退出历史舞台。从最原始的"结绳记事"到剩余产品出现后的从生产职能中分离出来的记账员，从复式记账法的诞生到现代审计、成本会计、管理会计的产生，从低效率的手工会计到如今的管理会计信息化、智能财务，无不反映了会计正是在社会经济环境的发展推动下而产生和发展的。会计生产力水平的不断发展、管理水平的提高及人们对经济效益的追求是会计加速发展的原动力。

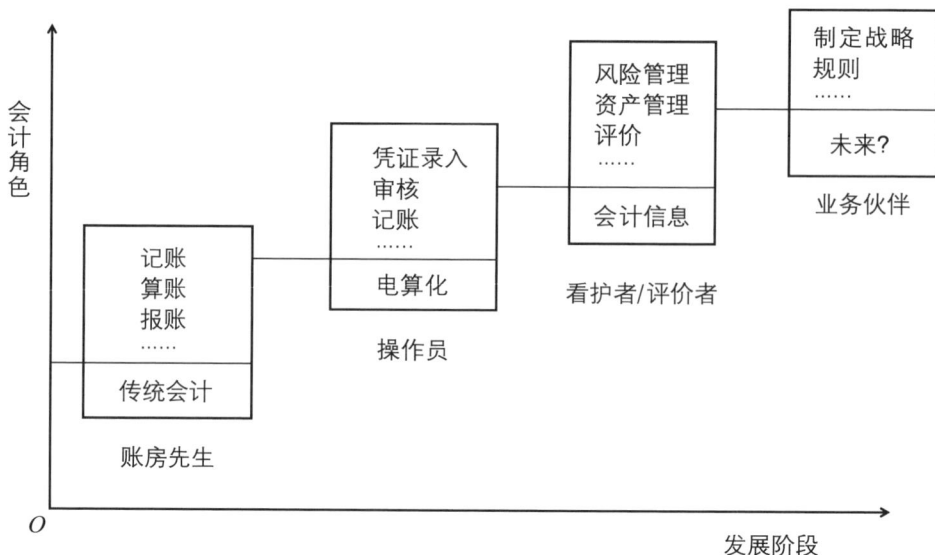

图 6-2 会计不同阶段角色转变

三、信息技术日益抬升了社会对会计的需求层次，使会计职业价值提高

职业是参与社会分工，利用专门的知识和技能，为社会创造物质财富和精神财富，获取合理报酬，作为物质生活来源，并满足精神需求的工作（程社明，2007）。从这个定义看，职业具有社会属性和时代性、技术性、功利性特征。一个职业的技能要求越来越高，为社会创造的价值和贡献度越大，职业收入、满意度与成就感也就越高。信息技术的赋能深刻影响了会计职业，使会计人员从烦琐、机械、低技术含量的劳动中解脱出来，转向从事价值创造的管理控制决策活动中。这个过程不仅极大地提升了会计的工作效率，增强了其社会价值的创造力，伴随的职业形象和满意度也得到大大改善。同时，为了更好地适应新环境下的会计职业工作，会计职业人员需要不断充电学习，拓宽知识面，提升技能，不断增强职业的自我适应力，从而增强自我满足感和实现自我价值，逐步形成一种从事这个职业并不容易的职业荣誉感和满足感。升华原本是一

个精神层面的问题，如果把它理解为事物从低级向高级发展、人类价值的自我实现和向高层次发展，则马斯洛需求层次理论与信息技术助推会计职业的升华有异曲同工之解释。在信息技术应用之前，受制于会计工具的落后，会计人员将主要时间与精力从事满足于对会计信息的基本需求和简单的管理工作，这也是社会分工对会计职业的基本要求，属于低级层次；随着信息技术的应用水平的提升，这些低层级的工作被轻易完成并逐步回归会计本质的管理活动，实现了会计完整的自我价值。也就是说，信息技术使会计逐步实现了自我价值的自我升华过程，会计职业也从从事低附加值劳动逐步转向高附加值劳动，成为一种受人尊敬的职业，实现了职业的自我升华。

第三节 会计职业的经济学解释和评价

一、会计职业的经济学解释

社会分工是职业分类的依据。在分工体系的每一个环节上，劳动对象、劳动工具及劳动的支出形式各有特殊性，这种特殊性决定了各种职业之间的区别。会计职业作为参与社会经济管理的分工，从业人员利用其专门的知识和技能，通过提供会计信息及参与管理活动为社会经济的有序健康发展提供保障，获得社会认可并得到合理劳动报酬收入，实现自我价值。按百度百科的解释，经济学是研究人类社会在各个发展阶段上的各种经济活动和各种相应的经济关系及其运行、发展的规律的学科。经济学核心思想是物质的稀缺性和有效利用资源，其基本理论是供需理论。因此，作为参与方，不得不考虑投入产出问题。这个思想也可以用于解释会计职业问题。会计职业是一定时代特征下的社会分工，本质上是经济学投入产出（回报）问题，投入的是具有一定专业知识与技能的劳动，产出的是为社会创造物质财富与精神财富过程中的回报，包括职业收入和职业带来精神上的满足感。如何设计投入及预计回报正是会计人的职业人生。

二、会计职业评价

职业评价是指人们根据自己的价值观，对社会各种职业的好坏、优劣和重要性方面的一种判断（汪庆春和孟东方，2004）。职业评价实质上是对职业声誉（声望）的评价。职业声誉（声望）是公众对某一职业角色在社会中的地位的一种评价（周晓虹，1997）。而职业角色是人们在一定的工作单位和工作活动中所扮演的角色。现代社会中，人们之间的地位差别基本上是由职业差别造成的，而这种差别又引起了不同职业声望的高低。马克斯·韦伯是最早提出职业声望的社会学家，他认为，社会分层应该从财富、权力和声望三个方面进行考察（何建章，1990）。对于如何进行职业评价，也就是职业声望的评价标准或称为职业声望的构成要素问题，目前学术界没有一致的意见。胡荣（2003）的调查结果显示，收入地位、权力地位、教育地位和社会资源地位这四个变量是最主要的影响因素，它们对职业评价因子贡献的相对重要性分别是0.918、0.934、0.891和0.969，也说明决定职业声望高低的最重要因素是教育、收入、权力和社会关系资源四个方面。会计职业评价是社会对会计这一职业声望的评价。在中国，长期以来对职业声望的研究很少，对会计职业评价的研究几乎处于空白状态。本书借鉴胡荣的研究结果，并结合经济学的投入产出理论，尝试从职业投入或履职要求、贡献度或需求度、职业收入与职业前景及升迁（回报）、职业声望与自我成就感四个方面进行会计职业评价。

三、会计职业评价内容及信息技术的影响

职业评价是一个主观性的问题，不同时期、不同国家、不同地区、不同教育背景，甚至不同年龄的人的评价都是有差异的，这给研究带来一定困难。本书的研究是根据作者自身作为多年从事会计教育人结合经济学、心理学、社会学等背景的一种思考和判断的尝试，期望能起到一定的抛砖引玉作用。本书将从四个方面具体讨论会计职业评价问题，分析信息技术对它们的影响。

（一）职业投入或履职要求，即对专业知识及技能的要求

通常而言，一个职业门槛越高，对其履职的专业知识及技能要求越高，职业投入越大。有些职业稍微加以培训就可以胜任，而有些职业专业性很强，需要较长时间和系统性培训才能胜任。会计是一项专业性较强的工作，入职前需要较系统的培训学习。虽然2017年11月政府取消了会计从业资格管理制度，但是也强调会计人员应当具备从事会计工作所需要的专业能力，还是考虑了专业胜任问题。而且越是高级的岗位，对其专业知识及技能要求越高，它主要通

过学历教育、职称及从业经历等体现出来。目前在会计教育体系中，有中专（职高）、大专、本科、硕士生和博士生不同层次的教育；在职称系列中，有会计员、会计师、高级会计师和正高级会计师的晋升层级。会计是一个古老而成熟的职业，有良好的教育培训制度和职业晋升通道。随着信息技术在会计中的广泛应用，会计职业要求的知识和技能也发生了改变，工作内容及重心被主动或被动地改变，由核算向管理工作转变。信息技术的应用推动着对会计职业的投入持续上升，不仅需要会计、财务、审计方面的专业知识及经济、管理、法律、统计、金融等相关知识，还需要掌握一定的信息技术知识与技能。随着职业要求的提升，要从事会计这个职业越来越不容易，会计越来越成为许多人仰望的职业。有些专家表现出对会计职业被人工智能替代的担心，实际上这个过程早已开始。在会计实践中，大量的会计核算岗位因被程序化所替代而消失，而留下来及未来需求的更多是有技术高要求的财务管理、数据分析岗位。当 2020 年清华大学宣布不招收会计专业学生的时候，是会计教育战略的转移，因为会计作为信息生产者角色早已被信息技术所蚕食，而重点转向数据的应用分析。所以作为一项职业，会计早已走向更高的层次，实现了更好的自我完善和升华。

（二）会计职业对社会的贡献度或需求度

贡献度或需求度指一个职业为社会提供的服务或创造的价值或者能满足社会什么样的需求和多大程度上的需求，包括满足社会或为社会创造的物质财富和精神财富。职业是社会分工的产物，是社会需求的一部分，但不同的职业各有特点。通常，一个职业对社会或经济发展的影响越大，涉及面越宽，满足社会或为社会创造的物质财富和精神财富越大，得到的社会回报或追捧度也会越高。作为一种国际商业报告语言，会计在市场经济发展和管理过程中扮演着不可或缺的角色，即经济越发展，会计越重要，会计工作越受到政府和民间的重视。信息技术在会计中的普及应用及会计与业务的融合，使会计的职能作用发生了根本性变化，会计对社会的贡献或者说社会对会计的需求度日益提高。会计人员不再仅仅是"记账、算账、报账"的账房先生，而是提供预测、控制、决策、预算等方面服务的参谋，甚至管理者——懂财务的管理者。会计的这种走向价值创造的演化使会计对社会贡献度增加并提高了社会价值和地位，从而提升了会计职业的社会声誉。信息技术的应用大大提升了会计职业的发展空间，使会计职业的发展进入一个崭新的阶段。此时，会计不再仅仅是会计。

（三）职业收入与职业前景及升迁（回报）

职业回报是指一个职业带给就业者的收入，以及未来的发展前景和成长空间。收入是人们职业选择的重要考虑因素，也是社会对职业贡献的回报和补偿，与前面的职业贡献度或能满足的需求度密切相关，属于一个正向关系。在当前的会计实践中，那些管理岗位上的会计人员，都属于企业层级比较高的员工，他们获得的薪酬收入远非那些在基础核算岗位的会计人员可以比的。除了收入因素外，未来职业发展空间，或者说职业的升迁机会也是人们选择职业时重要的考虑因素。即便某个职业当下情况一般，但发展前景不错，人们同样愿意投入与等待机会。会计作为需要一定专业知识与技能储备的职业，有稳定和起点较好的收入，只要肯努力，就有良好的职业升迁和成长空间，这正是信息技术赋予的。因为在传统会计时代，大量会计人员从事会计核算工作，虽然有众多不同的岗位划分，但技术含量、工作性质和内容都没有太大的区别，都围绕记账、算账、报账进行，管理岗位少得可怜，大家晋升机会很少。信息技术的应用大大压缩了这些低层级的岗位，在大量消灭低层级的会计核算岗位的同时，也增加了数据分析师、财务管理等高级岗位，使会计职业进行了大洗牌，相较于过去，会计职业的平均层级水平得到明显提升，但相对从业人数则持续下降。即便一般的会计人员月薪可能只有几千元，但晋升机会多，一旦晋升到高级岗位，收入也将大幅度增长，如上市公司的财务总监年薪多在几十万元，甚至超过百万元的也不少。信息技术在会计中的应用拓展了会计职业的提升机会，收入随之也有持续上升的空间，会计人员有了更多实现自我价值的机会。

（四）职业声誉与自我成就感

职业声誉与自我成就感主要是从精神层面考虑职业回报，是基于对该职业的一种偏爱和职业荣誉感。如有些人喜欢当科学家，喜欢当军人，喜欢当教师，并不是因为这些职业的收入丰厚。在社会物质财富日益丰富的今天，人们越来越关注自我价值的实现。会计作为一种经济卫士，在信息技术赋能下，职业工作内容的挑战性与职业成就感得到极大提升，未来将是一个有良好社会声誉与自我成就感的职业。据世界 500 强企业统计，有大约四分之一的 CEO 出身于会计，这是一个让人自豪的职业声誉。可以相信，未来这个比例将会更高，因为在信息技术的赋能下，要胜任会计这个职业，要求的知识体系越来越多元、素养越来越高，对数据的掌控和应用能力要求越来越强，还要越来越融入对业务和客户的管理服务中，会计更像是一个综合管理者的角色而不是一个职业会计人，会计职业人转化为职业管理者、职业经理岂不是水到渠成。

第四节　会计职业升华的马斯洛需求层次理论分析

马斯洛需求层次理论把需求分成生理需求、安全需求、爱和归属感需求、尊重需求和自我实现需求五类。五类需求可以分为两级，其中前面三类属于低级需求，通过外部条件就可以满足；而尊重需求和自我实现需求是高级需求，通过内部因素才能满足的，而且一个人对尊重和自我实现的需求是无止境的。同时，马斯洛和其他的行为心理学家都认为，一个国家多数人的需求层次结构，是同这个国家的经济发展水平、科技发展水平、文化和人民受教育的程度直接相关的。在发展中国家，生理需求和安全需求占主导的人数比例较大，而高级需求占主导的人数比例较小；在发达国家，则刚好相反。马斯洛需求层次理论既是人类需求满足的过程，也是人类进步的过程，是人类从物质满足向精神满足的升华过程。马斯洛从需求的角度分析了人的心理活动轨迹，指出人从低级向高级的境界升华过程，而这主要基于人类需求的多样性和无限性。会计职业由于岗位、职位的差异，以及工作内容和工作单位的差异，使需求呈现多样性和层次性，并影响会计人员的职业心理。

信息技术赋能会计使会计职业从提供基本信息服务走向价值创造服务，导致需求和供给方面的变化并影响会计人员的职业心理。无论从职业对专业知识及技能要求的提高，还是收入水平和职位的提升，再到会计人员的职业成就感和心理满足感的增强，都存在着马斯洛需求层次变迁问题，并可诠释会计如何实现从低级向高级的境界升华，从而使会计人员精神上得到了满足，职业上的自我价值得到某种程度的实现。

一、信息技术助推会计职业工作内容和工作方式方面的升华

传统会计的主要工作是组织会计核算并提供标准化的财务报告，这是社会分工对会计职业的基本需求，属于马斯洛需求层次理论所论述的较低层次的需求。信息技术在会计中的应用不仅极大改善了会计职业提供信息的能力和提供的会计信息质量，而且彻底地将会计人员从烦琐的核算工作中解放出来，并可以将其精力与聪明才智投入管理控制决策中，提升了会计职业价值，使其工作重心从核算转向参与管理，工作方式从在固定的地点办公的方式转变为以计算机移动通信为工具跨越时空的灵活方式，大大降低对基础设施的依赖。烦琐低效的劳动显然没有计算机高效的处理带给人的愉悦多，低技术含量的工作成果显然也没有高技术含量活动结果带给人的满足感强，固定的办公显然没有随时随地办理业务那么便利。信息技术彻底改变了会计职业工作环境、工作方式、工作内容重心，提升了会计职业价值，让会计人员从埋头苦干的"账房先生"蜕变到"衣着鲜丽"的数据人、分析师、高级管理人，从供给侧角度诠释了马斯洛需求层次理论层级的变迁。毫无疑问，信息技术助推了会计职业的升华。

二、信息技术助推会计职业职能方面升华，提升了职业的贡献度

会计职能主要包含两个层次：一是对外提供财务报告服务；二是参与企业对业务管理的预测、分析、控制、决策活动。从社会对会计的需求分析，对外提供财务报告服务是基本需求，属于低层级需求，而直接参与管理控制、管理决策活动属于高层级需求。信息技术的赋能使会计职业完全有条件实现从供给低层级需求或以基本需求为主兼顾高层级需求向供给以低层级需求为基础、大量拓展高层级需求为主转化，从而满足社会对会计职业持续不断提升的高层级需求，并伴随着会计职业对社会贡献度的提升：既能高效地、高质量地提供基本需求，也能满足日益增长的社会高级需求。信息技术在会计中的应用，既实现了供给侧层次升级，也满足了需求侧的层次升级，实现了会计职能从基本职能向管理职能的转化，从低层级向高层级的转化。按照马斯洛需求层次理论思想，信息技术使会计职业的会计职能实现了升华。

三、信息技术助推会计职业收入的提升，拓宽了职业发展空间

信息技术极大提升了会计核算的效率，会计人员就可以腾出更多时间去满足社会对会计职业的高级需求。对社会而言，这是相对成本的降低，并伴随服务的增值，为社会创造更多的价值，增加了贡献。作为回报，会计职业收入必将相应提高。根据多年来对会计实务的观察，会计人员占全体企业员工的比例在信息技术融合应用会计的今天较之传统会计时代至少降低了 50%。据长虹集团统计资料，集团会计人员当中，从事基础性核算管理工作的会计人员占比不到 10%，大量的是从事业财融合管理、数据分析、战略财务分析等兼具管理性质的会计人员，其收入远远超过那些基础核算岗位上的人员。这种收入的增加及职业升迁空间的拓宽无疑是会计职业升华的一个体现。

四、信息技术助推提升会计职业声誉（声望）与自我成就感

职业声誉源于社会对该职业的认可度、信任度，是基于该职业对社会的贡献，是一种精神嘉奖，与自我成就感一样，属于人类的高级需求。信息技术在会计中的应用使会计职业价值得到极大的提升，传统会计人员呆板的职业形象得到很大的修正，甚至学术界对会计学科的看法有了很大的改善，会计学已不再只是记账、算账、报账的那个"小会计"了。多年来，在中国大学的招生中，会计一直是热门专业，受到社会追捧。近两年，部分媒体评论会计职业受到计算机、人工智能的冲击，未来将被替代。事实上，传统会计岗位一直持续地被计算机替代而从未间断过，但新的需求、新的岗位也不断产生，最核心的问题是我们如何去适应环境的变化。会计职业在可预计的未来不会消失，它更可能像一颗璀璨的明珠在众多职业中熠熠发光，人们会因为能从事或能胜任会计工作而感到自我满足。

第五节　会计职业升华面临的挑战与适应策略

基于马斯洛需求层次理论分析，信息技术的应用无疑助推了会计职业升华。然而，任何一项职业的胜任和履职都建立在一定的专门知识和技能的基础上。会计职业的升华是在其专业知识与技能要求提升的基础上实现的，这无疑是一个挑战，如果一个人不能做适应性调整，无法适应现代及未来会计职业日趋复杂的商业环境与履职条件将被淘汰出局。

一、信息技术对会计职业的挑战

（1）传统岗位的消失和新兴岗位的涌现需要更高的专业知识与技能，会计人员学习压力增大。信息技术在会计职业中的应用必然要求掌握信息技术知识和应用技能，而会计职业工作重心的转移，也必然要求学习更多管理、经济、统计等学科的知识，这无疑增加了会计人员学习新知识的压力，尤其对一些传统核算岗位的老会计而言，压力更大。通常而言，一个职业的履职难度越大，对其履职的专业知识及技能要求越高，会计职业岗位也是如此。会计职业升华是对会计职业进行一次洗礼的过程、一次大浪淘沙的过程，也是一次自我提高自我优化的过程。

（2）信息技术与人工智能的替代效应使会计职业岗位数量总体呈下降趋势。信息技术在会计中应用的一大后果是消灭了大量的会计核算岗位，而新技术和人工智能的发展使会计岗位被替代的现象持续，会计工作岗位将越来越智力化，甚至智慧化。面对岗位的日趋减少，职业要求的不断提高，职业压力会越来越大，但职业价值、职业成就感也不断得到提升。会计职业需要终身学习。

（3）未来会计与会计职业两个概念将从高度融合走向松散甚至无关联。在信息技术不断发展不断赋能下，会计最终的趋势是融合到管理中，届时会计作为一种专门的职业或将消失，而通常的会计职业工作范围如核算、日常财务管理、日常控制等职能将被信息技术人工智能所取代，会计专门职业或将不存在，但会计本身将持续存在。这迫使会计职业人员向更高层次晋升。

二、会计职业升华的适应策略

（1）终身学习是未来会计人员胜任职业的不二选择。信息技术助推会计职业升华的同时也要求会计职业人员知识与技能的提升，除了掌握传统会计知识体系外，还要学习信息技术知识及技能，掌握大量的管理理论与方法，经济学、统计学、金融学知识及信息学法律知识等。社会在不断进步，信息技术在不断发展，终身学习是未来会计人员胜任职业的不二选择。信息技术人工智能对会计岗位的替代是一个持续的过程，不可能一蹴而就。只要我们肯学习、善于学习，就一定能更好地适应会计职业工作。

（2）会计教育的变革刻不容缓。教育是会计职业人员获取专业知识与技能的主要渠道，尤其是高校的系统性学习与培养，将深刻影响学生未来的职业生涯。美国会计专家 Michael（2005）曾对会计教育作如下论述，会计教育工作者必须为那些被认为进入了一个卓越行业的人提供他们应该得到的教育，不是传授给他们具体的规章，而是传授给他们借以做出合理的、有道德的商业实践和决策行为的真正能力。许多高校的会计教育理念、课程设计、教学内容、教学方法还停留在传统会计时代。信息化时代的会计教育需要向三个方向转化：一是注重思辨能力的培养；二是注重信息技术知识的学习与实践应用的引导，而不是仅仅开设几门信息技术或计算机语言课程；三是注重案例实践教学，以问题解决为导向。甚至为了更好地适应会计职业工作，基于学生学习培训内容的大量增加及会计专业趋向复合性综合性发展，可以考虑改变招生制度，延长学生在校学习年限。信息技术赋能会计的同时也助推会计持续地"充电"自己，否则不是升华，而是被淘汰。

（3）政府部门应做好会计职业指导与规划工作。信息技术对会计职业的影响，可能远远超出我们的预计。除了个人的适应性学习、教育机构的培训改革，还需政府部门做好会计职业指导与规划工作，以前瞻性眼光统筹这一问题。譬如对高校招生制度进行改革，引导高校改革招生计划，引导高校调整教学计划，增强后续教育力度，等等。政府在人才规划和政策制定方面有着不可或缺的作用，信息技术对有些人是升华，对另外一些人可能是被淘汰，政府有义务让这个过程有序进行。

信息化时代的会计人员应该与时俱进，在信息技术助推会计升华的过程中"破茧成蝶"，而不是在沉默中灭亡；我们要更新观念，努力学习，适应新环境工作的需要。一要夯实基础，拓宽知识，同时学习大量管理方面相关知识，努力实现向参与管理、参与经营控制决策方面转化；二要做好事前预测、事中控制和监督工作，为领导决策当好参谋甚至扮演一个管理者的角色。总之，对会计人员而言，积极学习和灵活掌握与运用各项信息技术固然重要，但更重要的是要具备在浩瀚无边的数据库之中筛选、获取被加工数据的能力，而这就要求会计人员必须充分了解整个企业管理信息系统的数据分布、数据输入、数据处理与输出总体情况，了解各业务子系统所生成的数据类型、数据流向及意义，如此才能真正驾驭与集成各项数据，使其为管理决策提供支持。所以，未来的会计人员任重道远，必须学会"两条腿走路"，信息技术与专业知识学习并重，才能立于不败之地。

第七章

信息技术助推会计教育升华

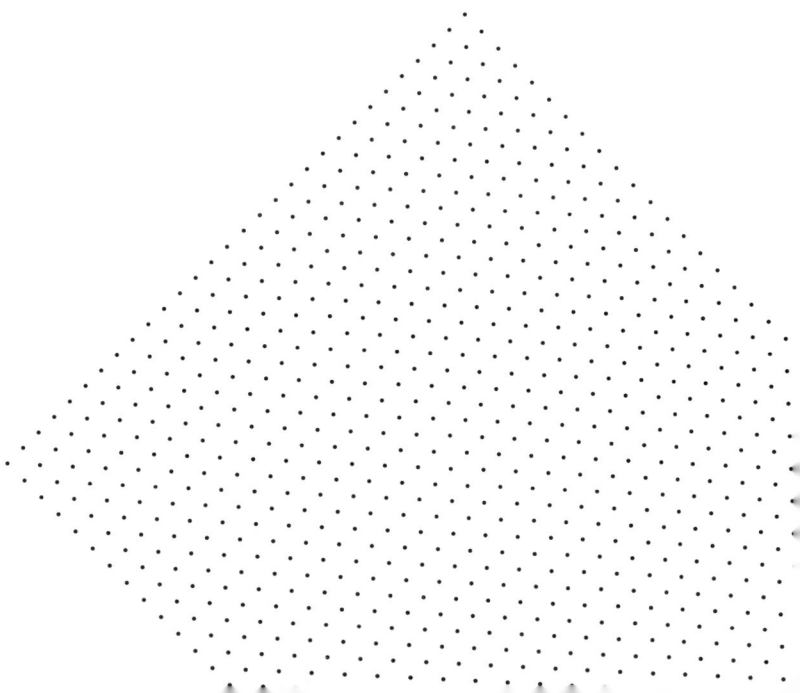

信息技术改变了会计环境，改变了会计工作内容的重心，改变了会计工作方式，也改变了会计的组织架构。作为会计关系的主体——人，其知识体系及技能要求必然需要作出适应性调整。会计教育作为服务于会计实务、会计职业人的社会分工，必须适应新的环境和新的需求。会计教育本身内涵非常丰富，有系统性的学历教育，有短期培训教育，有继续教育等，其教育目的与要求各不相同。高等教育在会计教育中具有举足轻重的地位，是会计教育最重要的方式，本书主要对高等会计教育教学问题进行讨论。信息技术在会计实务中的广泛实践和应用，极大改变了企业经营、业务、会计的场景，与基于传统会计场景构建的会计教育培养模式、课程体系、教学内容存在着巨大的差异，为之提供教育培养培训服务的高等学校不可能视而不见。相反，作为服务于会计实践的高等教育，提供优秀的人才是其天然的责任。如何应对需要我们冷静地思考，需要客观评价信息技术对会计及会计教育的影响，需要明确会计教育的使命和本质。我们既不能盲目地跟随社会热点频繁地调整教学课程，也不能闭门置身事外。苏格拉底有句名言：教育的本质是唤醒，是开发你的内心。曾任耶鲁大学校长 20 年之久的理查德·莱文说过："真正的教育不传授任何知识和技能，却能令人胜任任何学科和职业。"这些哲人教育家的思想值得我们在应对变革时进行思考。会计学作为一门应用型学科，在强调知识技能重要的同时，也不能忽视逻辑思维能力的培养和伦理道德价值观的引导。信息技术教学固然重要，却非高等教育的核心，过度强化可能导致忘记了教育本质。只有点亮内心，会计人才有更好的未来前程。因此，我们需要点亮信息技术这根芯，让它融入各专业相关课程的学习中，助力其更好应用到会计实践中，使许多曾经的理论不再仅仅是理论，而是切切实实在实践中得到应用，为企业创造价值，使信息技术在带给我们变革的同时，也助推我们会计教育理念、方式和方法等各方面的变革升华。实现会计教育不仅仅在于教授理论方法等基本知识，更重要在于点亮内心，培养学员未来的职业胜任能力。

第一节　信息技术对会计教育的影响

一、信息技术对会计教育的首要影响是理念和教育目标

理念决定行为。信息技术对会计最重要的影响是将会计人员从烦琐的核算工作中解放出来并引导会计工作重心的转移和相应知识体系与技能要求的重新匹配。信息技术下的会计已经不是原来意义上的会计，更多的工作是与管理密切相关的控制、预测、经营分析、预算等方面的内容，是一种与业务结合或者说融入业务中的工作，是一种综合性而非简单技能性工作，即意味着对会计职业人的知识体系与能力要求发生了极大的改变。高等学校的会计教育必须充分认识到这一点：会计教育不再是简单知识的传授与技能的训练，而是培养学生毕业后如何更好更快适应未来管理会计、综合管理的工作。为此，会计教育目标与理念必须进行调整，这是一切会计教育变革的基础。美国会计教育改革委员会（Accounting Education Change Commission，AECC）1990年就改革提出了新会计教育目标："学校会计教学的目标不在于训练学生在毕业时立即成为一个专业人员，而在于培养他们未来成为一个专业人员应有的素质。"值得我们思考与学习借鉴。面对信息技术的发展及其在会计领域愈发广泛与深入的应用，会计教育者、教师必须持续关注和客观正确地评价其影响，除了传授知识的"教"，更需要懂得育人的"育"的长期影响。只有理念正确了，教学内容、教学方法等方面的改革才不会走偏，会计教育才能走上适应信息技术环境下会计职业人的培养之路。

二、信息技术对会计教学模式和方式的影响

信息技术改进了会计教育的条件，使其脱离了黑板加粉笔的世界。PPT 极大丰富了教学内容，增加了课堂知识的容量；网络技术提供了在线学习机会，大量慕课被推出，使教学走向"线上线下"混合方式；学生进行线上学习，节约了教师讲授大量基础知识的时间，并为教师开展和组织"互动式教学"创造条件，实现以教师为主的传统模式向以学生为主或者至少两者兼顾的现代教学模式转变；信息技术还使教学内容透明化，由于学生获取知识的渠道极为丰富便利，增加了教师备课的难度和压力，教师的权威受到挑战，教师面临适应性变革。信息技术虽然助推了会计教育的变革，使教师有更多的教学方式和模式可以选择，丰富了教学内容，但也给会计教育带来挑战。研究表明，学生参与课堂教学的方式与学习效果高度相关：单纯的行为参与不能促进学生高层次思维能力的增强，只有以积极的情感体验和深层次的认知参与为核心的学习方式，才能促进学生包括高层次思维能力在内的全面素质的提高。现代教育思想的核心体现在教学互动上，代表性互动类教学方法包括案例教学法与讨论式教学法。

案例教学法首创于美国哈佛商学院，是指学生在学习和掌握了一定的会计理论知识的基础之上，将会计案例引用到会计教学中，通过教师的引导、学生的分析讨论，针对案例中的会计问题或困惑找出解决方案并形成书面报告，最后由教师进行评述和归纳总结。而讨论式教学法是在教师的主导下，通过设置若干与课程相关的问题引导学生思考，借以调动学生学习积极性并自觉主动地参与教学过程，从而加强师生之间和生生之间的对话交流并促进教学的一种互动式教学方法。两种方法都深化了学生对概念、理论问题的理解，增强了学生学习的兴趣，激发了学生的思维潜能，提高了他们分析与解决实际问题的能力。

三、信息技术对会计教学内容和课程设置的影响

会计教育教学课程体系的设置取决于未来会计职业人的能力构架，而会计

职业人的能力构架则取决于未来会计的职业要求。信息技术使会计职业人的主要工作从核算为主转向管理或辅助管理为主，其知识和能力要求已有很大的改变，因此会计教学内容和课程设置必须随之调整。其中，思维能力，尤其是创新性思维能力的培养显得尤为重要。因为管理本身就是一种艺术，需要广阔的视野和开放的思维去解决现实中的问题。为此，在课程设置上，一方面要加强通识课程的设置，其目的是开拓学生的知识面，拓展学生的视野，培养学生逻辑思维能力，激发学生的求知欲和探索欲，最终提升学生处理问题和分析问题的能力，这些课程包括哲学、社会学、文学、心理学等学科门类；另一方面，要加强信息技术相关课程的设置，包括 Excel 工具、数据库技术、python 等技术语言类课程，还包括会计信息系统、ERP 系统、大数据审计等综合应用性课程；另外，不可偏废传统专业课程的教学，但需要调整和整合，如基础会计和中级财务会计可以整合成一门会计学，成本会计与管理会计可以整合成管理会计，开设经营分析或经济活动分析课程，等等。同时，不能完全跟随信息技术的热点而增设太多计算机语言方面的课程，这不仅增加了学生的负担，挤占太多教学资源，而且不符合教育本质，更像短期的培训。教育的本质不在于传授的知识有多少，而是培养学生的逻辑思维，培养其在信息技术环境下的业务与管理运作的能力。毕竟，虽然信息技术非常重要，但宜被定位为工具，即便其已经与会计、业务紧密融合在一起，但离开了对会计及业务的深入理解，信息技术根本无用武之地。

第二节　信息技术背景下会计职业人的
胜任能力分析

信息技术极大改变了传统会计的工作内容、工作方式、工作手段、工作环境，作为会计专业人员培养主要基地的高校必须思考和面对"如何适应"这个问题。传统会计的核心工作是记账、算账、报账，这实际上是一个生产过程，而数据分析应用次之。高校会计教育中核心课程设置时特别强调这一点。基于信息技术的现代会计信息系统中，会计人员工作的重点将转向流程的控制管理与信息的使用，重点挖掘信息价值，而信息生产原本作为核心的工作大多被流程化所替代。高校会计教育必须重视这一现实的改变，从而进行适应性的教育变革。为此，高校会计教育者必须具体分析信息技术背景下会计职业工作内容和应具备的职业能力。结合作者多年对会计实践的了解，信息化背景下，会计职业人担负着会计信息生产、使用、管理的职责，因此，本书认为会计职业人必须具备以下若干能力。

（一）操作和维护财务（管理）软件能力

操作和维护财务（管理）软件是信息生产的要求，也是基础性工作。虽然流程化作业已使会计人员从大量烦琐的重复劳动中解脱出来，但仍有诸多的会计判断需要会计人员做出，而且社会现实中，企业间会计信息化水平参差不齐，许多企业还停留在传统的会计电算化阶段，软件的操作与维护仍然占据支配地位。在操作与维护财务（管理）软件的过程中，操作是指完成会计信息生产流程的各方面工作，包括凭证输入、审核、汇总、记账、结账及输出等内容，随着信息化程度的提高，这方面工作量将越来越少；维护则是对保证系统正常运转所采取的各项措施的总称。维护需要了解系统结构及运转原理，它不仅需要具备良好的会计理论修养，还要具备较强的计算机技术应用能力。这也提醒高校，在会计教育中要学会"两条腿走路"，不可偏废。部分学者过分强调信息技术的重要性，而有些学校增设了大量信息技术方面的课程，却把原来会计的一些核心课程忽略了，实在是本末倒置。

（二）数据处理和分析技术

从信息应用层面而言，随着企业规模的扩大及业务复杂程度的提高，人们对信息的把握、理解越来越困难，尤其是不具有会计专业背景的管理人员及外部信息使用者。因此，不同层面的信息需要会计人员进行处理分析和解读，以满足各方面需要，而相应地，会计人员必须掌握一定的数据处理与分析技术以适应万物互联的数据化时代特征，掌握 Excel 表格的处理、图形应用及可视化、数据库技术等是基本的要求，而大数据、人工智能、云计算、移动互联网、物联网、区块链、地理信息等技术的发展必将或早或迟、或直接或间接影响到会计或在会计中应用。作为高校，作为教师，作为研究服务社会者，需要研究、关注它们的发展与影响。表 7–1 是 2022 年 7 月 30 日，由上海国家会计学院等组织评选发布的 2022 年影响中国会计人员的十大信息技术情况，并与 2021 年的同一指标进行了比较。这个评选的参与者具有广泛的代表性，既有学者、实务专家，也有软件单位人士，虽然看法各有差异，但结果还是具有一定的代表性。如财务云、会计大数据分析与处理技术连续几年都得分较高，排在前三位。对于这些技术，高校教师应该选择一定的方式让学生了解，或通过讲座或课堂介绍等方式，让他们查阅资料参与讨论。因为未来的会计实务可能就是这些技术应用下的实践。譬如大数据技术已在国家审计中得到比较广泛的应用，然而在注册会计师审计中较少涉及，虽然其中有许多因素影响，但高校教育不可视而不见。据调查了解，许多学校的会计、审计专业连信息系统审计课程都没有开设或者开设条件不成熟，更不用说大数据审计课程了。

表 7-1　2021 年与 2022 年影响中国会计从业人员的十大信息技术比较

2021 年技术	2021 排名	综合 得票率 /%	2022 年技术	2022 排名	综合 得票率 /%
财务云	1	56.02	财务云	1	52.60
会计大数据分析与处理技术	3	52.19	会计大数据分析与处理技术	2	51.30
RPA IPA	5	41.58 29.32	流程自动化（RPA 和 IPA）	3	48.10
数据中台	8	31.77	中台技术（数据、业务、财务中台等）	4	47.10
电子会计档案	4	47.69	电子会计档案	5	47.00
电子发票	2	55.46	电子发票	6	45.40
在线审计	11	28.54	在线审计与远程审计	7	39.00
新一代 ERP	6	33.66	新一代 ERP	8	35.20
在线与远程办公	15	26.85	在线与远程办公	9	31.70
商业智能	13	28.10	商业智能	10	27.60

（三）参与信息需求分析

会计信息系统及会计人员之所以有存在的价值，是因为能满足组织内外各方面对信息的需求。会计信息系统对内外信息使用者的满足程度是衡量信息系统质量高低的重要尺度。会计人员应该认真研究信息使用者的需求，尤其是管理中的信息需求，这样才能在系统开发及构建过程中不至于被动和无所作为，同时避免低质量会计信息系统的出现，这要求会计人员有较高的会计理论水平与管理素养，懂得开发的基本方法、流程与原理及对会计信息系统本质的高度把握。在以财务会计为核心的传统会计时代，信息披露的内容、格式和要求通常受监管部门约束，企业会计部门只要满足了外在的需要，就可以较少考虑信息需求问题。在转向以服务内部为核心之后，会计人员要做好服务管理工作，必须思考业务管理对信息的需求，以体现其会计价值。高校教师应该深刻体会到这方面的变化，并加强这方面的教学安排和能力训练。

（四）构建模型解决实际问题能力

信息技术提供的程序化、流程化处理固化了很多控制与制度，利于系统规范运行，但流程化并不能解决所有问题。譬如，管理中的一些例外问题及管理软件工具中无法解决的问题，需要会计人员进行相应且及时的个别化操作。为此，会计人员要更多掌握管理理论与方法，同时能运用计算机技术，创建各种财务、会计模型辅助管理解决实际问题，包括筹资、投资、分配、决策及资金的日常管理等各方面。这是学生综合能力的体现，也是对未来会计工作的预期，需要教师引导训练。

（五）会计信息系统的日常管理

会计信息系统是一个严密的系统，在日常操作使用过程中，必须遵循一定的制度、流程、规则来处理，包括岗位职责的分工、文件的管理、操作流程及系统维护等。会计相关人员一方面要建立制度，另一方面要确保其得以被认真执行，这要求会计人员对会计信息系统的日常运行规程有良好的理解，并具备较好的管理素质。信息技术既是一个复杂的系统，又是一个极其脆弱的系统，因管理不善带来的风险不可估量，因此必须重视信息技术带来的安全问题。高校的会计教育中应该有这方面的教学讨论和安排，以引导学生关注信息技术带来的风险和安全问题。

（六）掌握现代会计信息系统审计的一般技术与方法

信息技术应用的迅速发展，使会计信息系统的环境、处理手段与方式发生了根本的变化，极大地改变了审计的环境和对象，审计技术和方法也需要适应性调整。因此，对致力于从事注册会计师职业的会计人员，必须结合计算机环境下会计信息系统的特点，掌握现代会计信息系统审计的一般技术与方法。

第三节　信息技术背景下的会计人才教学与培养

信息技术背景下的会计信息系统与传统会计系统是两个具有明显不同特征的系统，无论是功能上还是工作手段、方式、内容方面都存在巨大的差异。现代会计信息系统是一个集成的系统，实现了数据共享、"三流"统一、业务财务密切融合，是企业总部、业务部门和财务部门的综合工作平台。因此，会计信息系统几乎囊括财务、会计、审计等部门全部工作。为此，本书作者提出，高校会计教学应该体现这一实践特征，构建以会计信息系统功能为中心的会计专业课程教学体系，以使会计教育面向会计实践。

一、构建以会计信息系统功能为中心的会计专业课程教学体系

会计信息系统作为一门信息化背景下会计职业教育的综合核心课程，它承载着统领与桥梁的作用，因为会计专业几乎所有其他课程的学习与知识的储备最终都要汇集到会计信息系统的信息生产与管理应用中。它是一门最具综合性的会计专业课程。

（一）会计信息系统课程在会计专业教学体系中的地位

会计信息系统具有强大的功能，尤其信息技术基础较好且实施了信息化（ERP/新一代 ERP）的企业单位，其功能更是强大。这些功能大体上可以分为两大类：基本类工作是分类、计算、排序及汇总数据，这是财务会计的主要工作内容；第二类是辅助预算、计划、控制、考核、分析与评价活动，更进一步涉及经营决策、资本运作、战略管理等高级管理活动，这是管理会计的工作内容。相应地，会计专业教学体系的设计与培养目标的确定要和从事这些活动

需要的知识结构及能力密切相关。从目前的课程体系设计看，基础会计课程主要让学生明白会计工作的基本方法，即数据如何分类、计算、排序及汇总；中级财务会计课程的重点在于会计分类处理，实质上它是数据如何分类、计算、排序及汇总的一个综合例子；成本会计课程则主要是学习成本如何对象化和计算汇总问题；财务管理、管理会计课程主要是帮助学生能从事预算、计划、控制、考核、分析与评价等一般活动，做好投资融资工作，进一步辅助经营决策；而高级财务会计与高级财务管理课程则主要对一些特殊财务会计与财务管理业务的处理方法进行讨论。除了高级财务会计与高级财务管理课程涉及的业务活动略显特殊外，其他课程的职能活动都紧密依托在会计信息系统中，因此，相关课程的学习是基础，而会计信息系统则是各课程相关职能活动的最后汇合和点兵用兵之处。在整个会计专业课程教学体系（简称课程体系）中，会计信息系统课程处于各知识模块应用的中心场景，是各课程学习后的实战应用环节。一个基本的逻辑是：围绕会计职能构建会计信息系统，会计信息系统是实现会计职能的载体和途径。会计职能决定会计课程体系的建设情况，会计专业课程体系的建设围绕会计信息系统的功能而展开，因此，会计信息系统课程在会计专业教学体系中处于综合性的地位，是桥梁、纽带和中心。

随着会计在企业管理中职能的日益扩大，社会对会计人才的素质要求越来越高。日益流程化的管理，使大量传统的会计岗位消失，而新涌现和新需求岗位对会计人员而言是一个挑战，他们需要有更广的视野、更高的专业水平和独立准确的分析判断力，这往往需要一个相当长时间的积累。因此，在各课程的教学中，要改变教学方法，培养、锻炼学生的思辨能力，使学生逐步具备分析问题和解决问题的能力，同时，还要引导学生自学，扩大知识面。会计工作流程化以后，会计工作的管理化趋势下需要高素质的人才。只有学习及教学培养未雨绸缪，才能使学生在未来工作中立于不败之地。

（二）构建以会计信息系统功能为中心的课程教学逻辑

1. 会计信息系统与各专业课程之间的关系

在会计专业课程教学体系设计中，基础会计、中级财务会计、财务管理、成本会计、管理会计等主干课程是基础性的理论课程，教学目标重在对理论的理解与掌握。理论上而言，这些课程可以引入计算机技术进行相关教学，而且现实中也开发了众多软件辅助于教学，譬如有的学校在基础会计实验课程中引入计算机模式实验，但作者并不太赞同。首先，会计专业课程教学体系的构建是一个系统工程，各课程都有自己的教学内容、范围与目标，各课程间也有严谨的逻辑关系，每门课程在整个体系中都有自身的地位，合理分工，理顺关系，才能发挥整体的效应。其次，计算机教学往往是黑箱教学，更多内容已流程化、程序化，教学效果难以保证，往往是事倍功半，欲速则不达，最终影响了该课程理论学习的效果。最后，这种教学方式也影响了会计信息系统课程的教学，因为会计信息系统本身就是众多课程理论在计算机环境中应用的集中体现，是一门综合应用型课程。在整个专业课程体系中，各专业课程传授的是理论，是基础，而会计信息系统课程的重心是应用，可以说是目标，它受制于其他课程。在上述讨论的现代会计人员应具备的职业能力中，相关职业能力需要相关课程予以训练培养，而这些课程学习的最终效果需要通过会计信息系统课程中的应用得以体现。下面结合现代会计职业能力的要求谈谈会计信息系统的教学与其他专业课程内容间的逻辑关系。

2. 各专业课程在会计信息系统功能中的体现

会计信息系统课程的教学安排要与现代会计人员的职业能力要求相适应，包括软件的操作与维护、数据的处理与分析、财务和会计各种模型的构建、信息系统开发方法及开发过程管理、信息系统的日常维护管理等内容。软件的操作与维护主要对应基础会计与中级财务会计课程内容，这是会计信息的生产环节，也是会计人员的基本技能，它往往通过一个综合模拟实验来实现。一个合格的会计人员必须掌握软件的基本使用方法，在信息化程度日益提高的今天，会计信息系统早已经成为管理信息系统（典型的是 ERP 软件）的一个子系统，会计业务一体化使我们有必要扩大教学内容，即将 ERP 供应链管理引入教学内容，使其成为一个重要组成部分；对数据的处理与分析技术及财务和会计各种模型的构建内容，主要与财务管理、管理会计、财务报告分析等课程内容相关。从职业前景看，财务管理、管理会计职能日益凸显出来。针对这块内容，部分高校已单独开一门课——计算机财务管理或 Excel 在财务管理中的应用；信息系统开发方法及开发过程管理这块内容主要介绍会计信息系统开发的一般方法与过程，了解开发原理与系统结构有利于对系统的维护与管理；信息系统的日常维护与管理制度则是会计人员必须了解和遵守的，其有利于维护系统的正常运转。另外，作为基于信息技术的会计信息系统课程，要想学好它，掌握信息技术是必要的。除了计算机基础知识外，从专业角度考虑，数据库技术、Excel 是会计职业中最常见的应用工具，这两项内容应该列入教学范围。如果有条件，还应该开设信息系统审计、大数据技术及审计应用等课程。

信息技术应用已成为企业发展的一种必要工具，信息化也将是企业必然的选择，会计职业及会计教育的挑战将是一个长期性问题，这都与会计信息系统密切相关。对高校的会计专业教育而言，构建以会计信息系统功能为中心的会计专业课程体系可能是一个良好的举措，可以保证所学理论知识在实践中得到应用，让学生在未来能更好地适应信息化工作环境。

二、信息技术背景下会计教学的改革

（一）课程体系的调整与再设置

信息化要求会计人员的知识结构必须调整。要适应基于信息技术环境的电子商务网络环境下的会计职业工作，除了掌握会计基本理论与方法，熟悉与应用会计准则及掌握基本信息技术外，更要重视管理理论与方法的学习，如能编制财务预算，能对信息系统所产生的数据进行进一步加工处理、分析和挖掘，能设计管理决策所用的各种内部报表，能审查各层面业务管理方案，能构建财务模型进行预测、决策和分析以解决程序、流程化处理以外的问题，能提供内外部用户所需的各种信息报告及解析和挖掘系统输出的信息，能为企业各级尤其是高层管理人员提供各种信息咨询与决策支持等。为此，高校会计专业的教学课程与内容必须进行调整，如强调管理学、管理理论与方法、战略管理、财务管理、管理会计、高级财务管理与高级会计学等课程的设置与学习，提升学生的管理素养。对于因为教学课时的限制而带来困难，高校可通过设置选修课，由教师引导学生选修的方法加以解决。总之，信息技术背景下的会计，其核心工作内容在于强化管理服务，它意味着未来高校课程的设计绝不仅仅是增加信息技术课程，更要做实做好信息技术为之服务背后的内容，这才是根本。这就要求课程改革"两条腿走路"——双强化，既要重视信息技术的短板，又要强化涵盖未来会计主流工作的课程。因为信息技术背景下的会计绝不只是信息技术，更重要的是背后服务管理的目标。

（二）重视基础，拓宽知识，注重应用能力的培养

信息化时代的会计人员应该与时俱进，更新观念，努力适应与做好自身职能的转化工作。一方面要夯实基础，拓宽知识，同时学习大量管理方面相关知识，努力实现向参与管理、参与经营决策方面转化；另一方面要做好事前预测、事中控制和事后监督工作，真正为领导经营决策当好参谋甚至直接从事控制决策活动。对高校教学而言，在传授会计基本理论与方法的过程中，要注重应用能力的培养，既要学生知其然，还要知其所以然。如在会计准则的学习中，要介绍准则产生的背景、过程，使学生真正理解与掌握运用会计准则进行会计要素确认、计量和报告的整个过程。要重视学生思辨能力的培养，包括抽象逻辑思维能力、概括和总结能力、灵活地运用知识分析问题和解决问题的能力及举一反三、触类旁通的能力等，这些都需要教师进行有目的的训练。美国会计专家 Michael（2005）对新形势下的会计教育有如下论述："会计教育工作者必须为那些被认为进入了一个卓越行业的人提供他们应该得到的教育，不是传授给他们具体的规章，而是传授给他们借以做出合理的、有道德的商业实践和决策行为的真正能力。"因此，会计教育赋予学生的不仅仅是专业知识，还有思辨等能力，使其在面临业务环境变化时能做出明智的决策，并且帮助他们在职业生涯中继续提高专业能力。信息技术在不断发展，职业能力是逐步形成的，仅仅在学校的学习是不够的，高校教师还要积极引导学生养成终身学习的习惯，要及时更新自己的知识库，树立创新意识和终身学习的理念，提高专业素质和综合素质，更好适应社会的发展和需求。

（三）改革教学方法，完善教学条件

1. 教师角色及教学方法的转变

在网络信息化社会，信息量呈爆炸式增长，会计、财务及管理理论和方法持续地变革与发展，相关准则越来越多，知识量越来越大，而课堂教学毕竟有一定的条件限制，不可能包罗万象。教师应该适应环境的变化，由传统的"教"变为"导"，去指导、引导学生学习。因为面对浩如烟海的知识量与信息量，学习者往往不知所措，无所适从，不知怎样筛选阅读对象、正确分辨哪些是对自己有用的知识，这就需要教师指导学生筛选阅读对象，寻找信息，处理信息，理解信息，利用信息，并转化为自己所需的知识，提升自身的能力。在信息化时代，教师不可能也没有必要疲于奔命，讲授所有会计及相关知识，利用现代信息技术条件去创造和引导学生在课外有针对性地学习无疑是明智的、有益的。

教师作为教学的主体，除了指导、引导学生自我学习外，还要重视课堂教学方法的改革。如前所述，可使用讨论式教学法与案例教学法以提升教学效果和教学质量。

2. 完善教学条件，引导学生自我学习

为顺利实现这一环节，高校应从以下几方面予以支持与配合：一是，完善条件，如开放图书馆，提供大量阅读的资源，包括图书、期刊及电子信息资源库等；二是，改革考试考核模式，引导学生走出"记忆式"学习，向"能力训练"式学习转变。三是，加强实验室建设，为学生提供尽量多的实践、仿真学习的机会。

（四）加强对在职会计人员的后续教育

信息技术对会计职业的影响是渐进式的，对在职会计人员而言，需要持续地学习才不会被淘汰。从社会角度看，需要为在职会计人员的后续教育提供良好的条件，使他们的业务能力和职业道德水平通过培训、再教育不断提高，更好地适应社会经济发展的需要，这也是会计队伍建设的重要内容与制度保证。

在信息化条件下，会计继续教育的内容和方法要适应新形势的变化，包括在继续教育的目标与内容安排上，重视综合素质和能力的提高，使学员成为具有较强的时局洞悉力与决断力、知识结构合理和职业道德高尚的人，而不是仅仅简单地进行知识更新。从继续教育的形式上看，以自学与专门培训相结合的形式进行，但提倡以自学为主，同时加强考核把关，完善考核制度，使会计人员能有动力学习新理论和新方法。在信息化时代，应充分利用信息技术和网络技术，采用远程教育等手段，为会计人员的终身职业教育创造条件。

第四节　信息技术助推会计教育升华

会计教育除了教授理论方法等基本知识外，核心价值在于培养学员的未来职业胜任能力。信息技术赋能会计使会计职业的工作内容、技能要求、知识体系等各方面发生持续性改变，并极大提升了对会计职业能力的要求。为社会输送优秀的能适应社会实践需要的会计人才是高校教育的责任，这倒逼高校进行会计教育的适应性变革。一方面，信息技术对会计教育的理念、课程设置、教学方式、师资建设等方面带来冲击的同时，也促使其进行积极的适应性变革；另一方面，信息技术为会计教育的理念、教学能力与教学实践的变革提供了有力的技术支持。可以说，信息技术直接或间接地助推会计教育各方面的改良与发展。

一、信息技术助推会计教育升华

（一）信息技术助推会计教育理念的升华

信息技术使会计职业人工作重心的转变倒逼会计教育理念的改变，信息技术环境下的会计工作更强调思维能力、创新能力、综合应用能力。传统的偏向知识传授和技能训练的教育模式很难适应新环境工作的要求。在信息技术飞速发展、信息超载的今天，学生更需要有思辨能力，而不是疲于各种知识的学习。因此，会计教育必须较之前更加重视学生的思辨能力、处理分析解决问题能力的培养。美国小说家 David Foster Wallace 曾在凯尼恩学院的毕业典礼上发表演讲道出了教育真谛：教育的目的不是学会知识，而是学习一种逻辑思维方式——在烦琐无聊的生活中，时刻保持清醒的自我意识，不是"我"被杂乱、无意识的生活拖着走，而是生活由"我"掌控。只有能独立思考，懂得企业与自身的需求，才能做正确的事。信息技术改变了业务和会计环境，提高了职业门槛，强化了能力需求，倒逼会计教育理念、教育目的的变革与升华。如今，会计教育的改革正在全国各高校如火如荼地进行着。

（二）信息技术助推会计实践教学的升华

会计是一门实践性很强的课程，实践教学是会计教育中不可或缺的组成部分。在传统会计实践教学中，由于岗位分工细化，无论是仿真实验还是现场实践实习，都存在组织困难、实践内容不全面及实践效果不佳的问题。信息技术将会计核算及管理工作集中在一个软件、一个平台中，这一方面极大方便了仿真实验室的建设与管理，而且仿真程度几乎可以媲美现实场景实践；另一方面，学生实践内容的体系性和完整性有很大的保障，只要合理设置实验内容，通过角色的变换，学生可以完成全方位的实践活动，了解会计整体的核算流程，体会和理解业务财务的一体化内涵，理解内部控制的必要性与意义。信息技术使会计实践不再困难，而且获得非常好的效果，这无疑是信息技术助推会计实践教学实现了升华。

（三）信息技术助推会计教学能力的提升

信息技术丰富了教学手段与方法，使教师有更好的条件兼顾"教"与"育"问题，从而实现现代会计教育目标。"教"的核心在于传道解惑，让学生掌握基本知识；而"育"在于通过互动式教学和实践进行潜移默化的影响，激发学生学习兴趣和斗志、探索、思考的潜能。"教育的本质，不是把篮子装满，而是把灯点亮。"西方的这句谚语道出了"育"的重要性。信息技术为教学改革创造了良好的条件，可以实现线上与线下、理论教学与实践教学、课堂教学与其他教学环节的有机结合，实现知识传授与能力培养、理论学习与实践应用、课堂学习与课后作业、社会调查等实践活动的兼顾，有利于全面拓宽学生的视野，提升学生处理问题、分析问题、解决问题的能力。信息技术通过改革教学模式方式，拓宽了知识传授渠道和形式，强化了能力的培养机制，助推教学能力的提升，实现了教学能力的升华。

二、会计教育变革可能面临的误区

会计学是一门应用型学科，具有较强的技术性特征。信息技术对会计的影响最初主要体现为技术工具的改变，随着对其应用的深入，逐步拓展到管理会计、企业资源计划直至外在的供应链管理、客户管理等领域，管理边界不断扩大，管理模式、管理应用系统不断被整合拓展。正因为技术的重要性，会计教育中很可能过分强调信息技术的重要性而偏离了会计教育的本质。如有的高校盲目追逐热点，开设大量的计算机语言课程，包括会计信息系统、ERP理论及应用、财务共享理论、Excel在会计中的应用、会计数据处理与分析、数据分析可视化、python、数据库、计算机基础、大数据会计等，且不说其设置的系统性和合理性与否，它不仅加大了教师和学生的负担，而且蚕食了大量专业核心课程的教学课时和资源。这种做法表面上看似乎与时俱进，走在改革的前沿，实质上是忘记了教育的本质而走入一个误区：缺乏正确梳理和评价信息技术对会计的影响。会计虽然有较强的技术性，但根本而言属于管理学、经济学的范畴，不仅因为会计信息及会计工作具有强烈的管理后果、经济后果和社会后果，而且其本身就是管理学、经济学的一个环节、一个组成部分。会计教育不仅仅是技能教育，更是管理和经济方面的思维、创新和伦理教育。在信息技术时代，一方面要拥抱信息技术，因为没有它的支持，现代会计中很多工作无法或很难完成；另一方面，归根到底，信息技术只是辅助工具，即便融入会计、管理工作中，也不可能是会计的核心要素。因此，客观梳理和完善会计教育理念是会计教育适应性变革中迫切需要解决的问题。为此，需要避免以下几种误区。

（一）盲目或过多开设信息技术类课程，挤压专业核心课程

课程的建设必须进行系统性梳理和思考，从现代会计人员所需的整体能力架构来考虑，构建以会计（管理）信息系统为中心的课程体系。在平台化、系统化的环境下，会计系统汇集了会计信息生产、信息应用和信息管理全流程工作，理论课程的教学内容和价值最终需要通过在信息系统平台中应用来实现。如有的高校既设置了会计信息系统，又设置了财务共享课程。事实上，财务共享内容完全可以在会计信息系统中介绍，从而避免内容重复浪费课时。

（二）缺乏系统规划和设计，教学计划安排缺乏系统性和科学性

课程体系所蕴含的各部分知识间多具有严密的逻辑关系，教学计划安排的不当使教学效果大打折扣。如有的高校将会计信息系统教学安排在大一、大二阶段，学生缺乏基本专业知识准备，课程教授的内容只能限于基本会计核算，无法将管理会计、财务管理等专业知识融入教学中，而且教师要浪费许多时间用于对专业知识的解释。因此，必须认真梳理信息技术类课程、各专业课程及通识课程，组织教师全员参与讨论，制定合理的教学计划体系，明确各课程的教学目标及课程的衔接关系，而不是缺乏逻辑地进行简单教学课程的堆砌。只有科学系统地安排好课程计划，教学才能发挥最好的效果。

（三）理念和认知存在偏差，没有正确理解信息技术环境下会计职业的角色

信息技术环境下的会计角色已经发生了极大的改变，核算不再是主要工作内容但却是必要的，控制、预算、数据分析、管理等成为主要工作内容而必须被强化体现在教学中。我们只有正确认知未来会计人员的角色，会计教育才能真正适应时代要求，会计理念才不至于落后，会计教育才能真正升华，高校会计教育才不至于成为培养"机器人"的基地。

第八章

信息技术助推下的会计未来与未来会计

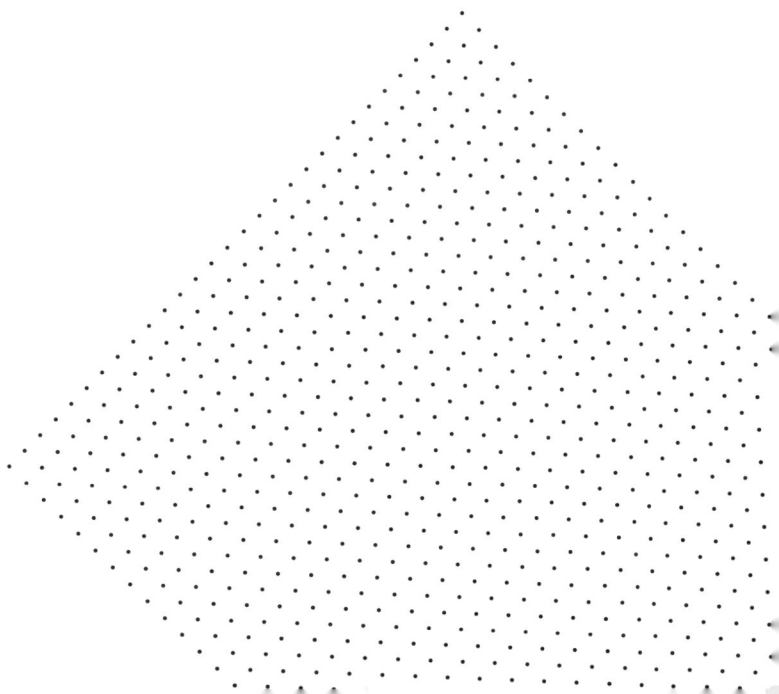

　　陈志斌在 2019 年第十八届全国会计信息化年会上，以"会计不再是会计，会计依然是会计"为题做了一个精彩报告，他从技术变革引起会计手段、会计环境的变革及技术变革引起会计对象、会计组织方式、会计理念、会计规则、会计目标变化等角度，阐述会计是随着技术发展而不断发展的。（李立成和刘勤，2019）。这个报告总结了信息技术对会计的影响，指出会计不再是原来的会计，但会计仍然是对原来会计的延伸，并没有从根本上动摇会计理论的根基，而是在新技术基础上的一种发展，是一种向更高效率、更高质量、更高价值的演化。所以会计依然是会计，对这点有清醒的认识很重要。那么，会计未来将如何发展？在信息技术的持续影响下，未来会计的归宿在哪儿？我们会计人的归宿又将在哪儿？在会计整个演化过程中，我们该做些什么？

第一节 未来的会计是个性化的会计

信息技术的发展持续影响会计的变革与创新。那会计究竟将被引向何处？未来会计是什么样的？会计还将存在吗？ BBC 基于英国剑桥大学 Michael Os Borne 和 Carl Frey 的数据体系分析了 365 种职业在未来的"被淘汰概率"，会计以 97.6% 的概率高居第三位。这无疑给会计学科及会计从业者带来巨大冲击。但是，这个调查只是在某种程度上有一定的参考意义，是基于对会计认知的一种偏差，或者说只是会计中的某些岗位被淘汰，即传统会计意义上的大量核算岗位或者说记账、算账、报账这些岗位被程序化替代。这是极其狭义的会计，它仅仅是会计职能的一部分，而作为参与预测、控制、分析、决策的管理会计才开始起航，正是信息技术助推会计进入价值增值服务、价值创造和价值自我实现的新阶段。信息技术带给会计的是进步，而非颠覆，是助其在更高层次上发展。要认清会计的未来，我们首先要搞清楚一个问题：会计是什么或者说会计的本质是什么？

一、会计的本质是什么？它将往何处走？

会计的本质是什么，或者说会计是什么，会计学界显然存在着不同的看法。国内最典型的三种观点是信息系统论、管理活动论、会计控制论；国际上也有一些比较有影响的观点，如艺术论（乔治·梅，1943）、工具论（利特尔顿，1953）、过程论（美国会计学会，1966）、受托责任论（井尻雄治，1975）、信息系统论（西德尼·戴维森，1977）、会计契约论（桑德，1997）等。这些观点有其立论的基础，都是从某个角度进行的阐述，正如盲人摸象,各有各的理,谁也不能说服谁。作者认为，会计更应该是各种看法和观点的综合集成，是各种理论的融合。只有用权变的思想才能真正理解会计是什么或者说会计的本质是什么。以我国三种典型理论为例，无论是信息系统论的提供信息，还是会计控制论的数字控制，其目的都是为管理提供服务，都是管理的一种手段或者说管理的一个部分、一个环节，核心都是管理。因此，会计的本质就是一种管理活动，那么如何更好地管理便值得探讨了，会计的未来也容易理解了。

会计职能通常划分为两大部分，即核算监督的基本职能与管理会计职能，会计控制职能包含在两大职能当中。信息技术目前基本替代了会计的核算监督职能，甚至部分替代了管理会计职能，将来随着人工智能的进一步发展，未来更多管理会计职能工作将被替换，会计将步入智能财务阶段。当信息技术、人工智能发展到足够高的水平，几乎所有的人类生产组织管理活动都实现了程序化、自动化以后，会计也不再需要有独立的概念，它的所有活动几乎完全实现了自动化，会计将回归到管理活动本身，隐于生产活动中，即显性消亡。当然，我相信这个过程会是比较漫长的。

二、未来的会计既是标准化会计，更是艺术化、个性化会计

（一）未来的会计是标准化会计

标准化是一种共性经验的总结，其目的是减少不必要的重复劳动，降低社会成本。按 ISO/IEC Guide 2（2004）的定义，标准化是指为在一定范围内获得最佳秩序，而建立可供共同使用或重复使用的关于实际已存在或潜在问题标准的活动。而标准是指为在一定范围内获得最佳秩序，经协商一致制定并由公认机构批准，共同使用和重复使用的关于活动或活动结果的规则、导则和特征的一种规范性文件（ISO/IEC Guide 2，2004；GB /T 13016，2018）。会计信息化标准化有利于社会推广和应用前人的经验总结，降低信息化的社会实施、管理、应用成本。我国学者胡仁昱、刘勤和邱穆青等（2021）从会计信息系统结构的角度将会计信息化标准体系划分为会计信息表达形式的标准（元数据）、中间过渡和终极输出标准、会计信息数据交换的标准（数据接口）和会计信息安全

控制标准四个要素。杨周南和刘梅玲（2011）、刘梅玲和杨周南（2016）对会计信息化标准体系、理论框架和方法学等方面进行了系统研究。还有其他一些学者对相关问题进行了研究。我国政府也早已采取行动，如为了会计数据输出的标准化，降低使用信息成本，2004 年就制定了 GB/T 19581—2004《信息技术 会计核算软件数据接口》国家标准，后来又制定了 XBRL 分类标准等。

事实上，信息技术从一开始在会计中应用时就被提及规范化、标准化问题，计算机处理的最大优势就是解决了重复性劳动问题，而会计循环正是标准的重复性劳动。所以，我们在会计软件初始化过程中，就提出需要解决会计核算程序的规范化、凭证填制的规范化、科目编码的规范化、成本归集与分配的规范化、数据输出的规范化等问题。当信息技术在会计中应用，发展到财务共享服务阶段，集团企业需要解决内部会计政策统一和核算规范化的问题。随着信息技术在会计中的应用日趋成熟，尤其对财务会计系统而言，可以完全实现会计信息系统构建、输入输出、存储等标准化，即会计核算完全可以实现会计标准化处理；同时，许多管理会计工具及方法也大多可以嵌入或融入业务管理中，实现标准化处理。因此，未来大部分会计工作是标准化工作，从这个意义上说，会计是标准化会计。

（二）未来的会计更是艺术化、个性化的会计

ERP、财务共享中心的实施汇集了大量业务、事项、会计数据，还有外部获取的客户、供应链等数据，这些数据是企业重要的资源，如何挖掘和应用这些数据服务于业务管理、生产管理、战略管理是企业应对竞争环境提升核心竞争力的重要举措。企业数据管理的集中化、平台化是未来的一大趋势，而会计人员在其中扮演着重要的角色。未来会计人员在摆脱传统核算工作的束缚以后，担负的主要工作就是分析、挖掘数据背后的含义与规律，为业务管理、价值创造提供服务，其中充当的完全是管理的角色。由于个人的知识背景不同、数据分析能力不同、分析思路和解读的能力不同，对决策的支持及建议也不同。在这个过程中，会计表现出的是一种个性化、艺术化的角色特征。

会计的艺术性来源于 1953 年美国注册会计师协会（American Institute of

Certified Public Accountant，AICPA）发表的《会计名词公报》，其中第一号指出，会计是一种艺术，它用货币形式，对具有或至少部分具有财务特征的交易事项予以记录、分类及汇总并解释由此产生的结果，使之处于有意义（有用）的状态。这里的艺术性是会计人员在规则下的主观能动性的发挥，表现为积极主动地分析会计环境，根据会计理论、会计准则有针对性地选择适当的处理办法对经济业务进行会计处理。在日益强调会计准则刚性、寻求提高会计信息质量的背景下，会计的艺术性并不被强调和提倡，但在会计实践中，会计的艺术性仍有用武的舞台。随着信息技术在会计中的应用日益普及和深化，基础性会计工作几乎完全被程序化、标准化，人机接口越来越少。此时，人的参与性、主观能动性发挥作用的机会很少，再谈会计的艺术性有些不合时宜。但是当会计角色主要转向管理服务的时候，会计的这种艺术性被重新激活，并且显示出名副其实的艺术性，尤其成为管理者的会计人将极大展现其个性化、艺术性特征，因为我们毫不怀疑管理的"艺术性"特征。之前，判断会计艺术性的标准是，能否合理、合法地根据具体情况创造性地运用适当的方法解决会计相关问题，促进会计目标实现（干胜道和瞿晓龙，2008）。之后，判断会计艺术性的标准转变为会计人员能多大程度上利用数据为企业管理提供服务，为企业创造多大价值。

三、未来的会计是业务、会计、财务三者的高度融合

（一）未来的会计是实时会计

在强大的计算机处理能力和网络通信技术的支持下，未来的会计必然是实时会计。目前，国内外对实时会计内涵的理解并不相同，相关的研究文献不多，也无一个权威的统一定义。阎达五和张瑞君（2003）曾从会计控制的角度对会计实时控制进行过定义：在 IT 环境中，财会人员利用现代化技术手段和大量信息，对企业经营活动的过程进行实时对比和实时分析，通过指导、调节、约束、促进等环节干预企业的经营业务，以实现提高经营效率和效益，从而达到价值增值这一终极目标。实时控制必须依托于实时信息的提供，包括各类财务与非财务信息。实时会计系统显然是一个实时系统（Real-time system），它同

时表现出实时化、动态化、整合化、开放化、集成化和电子化等特征。（曹立明，2013）实时会计系统是在信息技术应用高度成熟环境下，能及时动态处理、更新各类业务、会计事项数据并供给信息使用者的会计系统，包括但不限于提供实时财务报告、实时业务统计数据、实时财务分析及业绩评价等信息。实时会计是企业实现高效管控、走向智能财务的基础。

　　提供实时信息一直是会计系统追求的目标。传统会计时代下，信息的时滞性一直无法破解，即使是进入会计电算化阶段也难以解决，从而影响企业经营管理水平的提升。信息技术解决了信息的时效性问题，为企业提供了高效管理的基础。准时制（Just In Time，JIT）和敏捷制造（Agile Manafacturing，AM）等先进思想广泛在企业中得到应用都依赖于实时系统的支持。

（二）未来会计是全息会计，能提供全方位信息

　　全息会计源于"全息论"，这里的"全"是指完全、全面的意思。全息会计信息系统，是在企业 ERP、财务共享等基础上发展起来的能够对企业资金、人力、技术、环境等经营管理的各方面进行全面核算与反映的立体会计信息系统。全息论是会计界早期引入的一个概念，有点类似现在的数据中台，它集合企业各方面的信息，主要有几个方面特点：①数据来源广泛，数据量大。数据不仅来源于企业资金、物料和人力资源数据，还来源于技术、环境、法律、政策与政府资源数据。②数据的结构和数据处理的流程较复杂，既有结构化的数据，又有非结构化的数据。③系统的全息性。一是系统与各个子系统之间的结构与功能具有协同性；二是各子系统之间的数据具有高度相关性和共享性；三是系统的不同频道能在不同角度和层面对企业进行诊断，甚至能够提供"会诊"。④信息的输出形式具有个性化和多样性。（曹立明，2013）未来会计就像电视频道，隐含着各种分类信息，只要打开"会计频道"①，或者点播节目就可以取其所需。

---

① "会计频道"的概念较早见于薛云奎《网络时代的财务与会计：管理集成与会计频道》（1999）的文章中。他指出，"会计频道"一词的初始含义即针对会计信息用户的不同需要，可以考虑用多元化的信息频道来满足他们不同的品位和要求。

（三）未来会计是业务、会计、财务三者的高度融合

在前面第二章，我们讨论过业务、会计、财务三者的内涵及关系。会计本身就是一种经济管理行为，在其作为一种专门岗位或职业出现后，作用明显提升，会计就从业务中分离出来了。另外伴随会计确认计量的还有其监督职能，它负有保护财产安全完整的责任。信息技术的应用，使会计的反映和监督的能力得到极大提升，几乎在业务发生的同时实现了会计的反映和监督职能，也即实现了实时会计，同样，借助于信息技术可以实时对业务提供控制决策支持服务。因此，信息技术在会计领域的应用创造了将业务、会计和财务三者重新融合的条件，实现信息在时间与空间上的统一。当业务发生时，同步进行会计处理，生成财务信息，而这一系列的信息流可以跨越时空通过网络通信、人工智能、大数据、云计算等技术实现程序化、流程化的记录、存储和提取使用，甚至可以进一步实现对数据的分析、挖掘、控制和决策应用。当我们应用信息技术实现了从业务或事项发生开始到数据生成、存储、处理分析、再反馈应用以指导业务经营管理的这个循环过程的时候，会计便进入智能财务阶段。这里几乎每个环节、每一步处理都实现了由技术代劳，甚至包含管理会计的工作内容，此时会计人员似乎消失了，会计也似乎消亡了。在一个高度人工智能的社会，一切都实现了自动化，很少需要人的干预，除非要改变流程，要改变内在方法。在这个过程中，会计人担负的是整个流程的设计，需要贡献的是思想和方法。从实践来看，信息技术在会计中的应用总体还处于管理会计信息化探索阶段。目前，我们基本上实现了会计信息生产阶段的流程化、自动化，但对于信息的分析、处理及辅助控制、决策等应用环节大多仍然需要由会计人员来完成。这就表明会计人员急需提升自身职业能力，上述阶段也是会计人员发挥自身作用的黄金时期。"会计职业消失"最终会来临，但会计不会消亡。"路漫漫其修远兮，吾将上下而求索"。未来对于会计来说，虽然是一个备感压力的时期，但也是职业发展的黄金时期。

第二节　分久必合，会计最终融合回归 管理实现升华

一、会计的未来是智能化的会计

随着大数据、人工智能技术的发展及其在会计中的应用，未来的会计必将越来越智能化，即进入智能化财务或智能化会计阶段。虽然有不少学者在研究智能财务问题，但对智能财务的理解并不相同，也没有明确权威的定义。智能财务主要表现为以数据发现、智能决策和智能行动为核心的智能管理系统，可以帮助决策层进行智能判断、策略生成和策略选择。（韩向东和余红燕，2018）那么什么是智能？按汉语词典的解释，是指人的智慧和行动能力。或者被用来形容具有人的某些智慧和能力，如智能财务机器人，这里智能财务应该属于后面这层意思。古代《荀子·正名篇》对"智""能"做了解释："所以知之在人者谓之知，知有所合谓之智。所以能之在人者谓之能，能有所合谓之能。"其中，"智"指进行认识活动的某些心理特点，"能"则指进行实际活动的某些心理特点。（林崇德、杨治良和黄希庭，2003）现代对于智慧、能力也有多种不同的含义。百度百科从心理学释义将从感觉到记忆再到思维的这一过程称为"智慧"，"智慧"的结果就产生了行为和语言，将行为和语言的表达过程称为"能力"，两者合称"智能"，将感觉、记忆、回忆、思维、语言、行为的整个过程称为智能过程。简言之，智能财务是指具有会计人某些智慧与能力的财务机器人，即指信息技术能够被设计用来代替会计人从事一系列财务活动过程，包括控制决策活动。因此，会计人的智能水平决定了智能财务的智

能化水平。未来会计往何处走？智能化能发展到什么水平？除了要考虑会计人的智能水平外，还要考虑以下两方面因素：

（一）智能财务系统的构建和维护成本

智能财务系统的构建和维护需要付出不菲的成本，尤其对于一个大中型智能财务系统的构建更是一笔不小的支出，据作者调研，往往达到几千万元甚至上亿元。另外，每年持续的维护成本也不是一个小数目。信息化、数字化的要求越高、功能越强大，即越智能化，其投入成本也越高。

（二）利用信息技术进行智能化建设带来的收益

收益主要体现在三方面：一是财务效率提升带来企业经营管理水平的提升；二是节约的财务人员成本；三是数据价值的挖掘带来的收益。

一个企业的核心在于价值创造，在持续推进信息技术建设改进智能财务系统的过程中，必须考量信息技术构建及系统改进带给企业的收益。任何项目的实施都涉及边际成本与边际收益问题。当投入成本大于获得的边际收益的时候，企业就会停止投入，智能财务系统就发展到了极限，即达到最优。所以，未来会计的智能化水平至少受到会计人的智能水平、信息技术带来的收益和构建及维持成本这些因素的影响，尤其是智能化水平越高，推进难度越大，投入的成本越高，其带来的收益及必要性都需要人类理性思考。

二、分久必合，会计最终必将融合回归管理实现升华

分久必合，最终会计会在信息技术的赋能下回归管理角色。会计作为管理活动不可或缺的部分，主要以提供信息方式支持管理活动。提供的信息越精细、越充分、越相关，则对管理活动的支持越有效，越有利于管理者协调、配置各方资源，越有利于管理者做出恰当的控制决策，实现企业预定目标。在古代"结绳记事"阶段，即便是现在的个体工商户、小微企业，事实上它们对会计并没有什么需求。随着企业规模的扩大、业务的复杂化及产权制度的变革，赋予会计的职能越来越多，要求越来越高，会计不得已从生产经营管理过程中分离出来成为专门的职业和职能部门。随着计算机在会计中的应用，会计生产力得到

极大的改进，会计中大量的核算工作被替代，使会计环境发生了颠覆性改变。随着会计与信息技术不断融合，会计系统被重新设计，会计也极大突破了传统会计核算工作的禁锢，并向管理的其他职能如预测、控制、决策延伸，会计不再仅仅扮演原来会计的角色，而是以一种会计特有方式参与企业生产经营管理活动。随着这种角色转变的日益深入，在信息技术支持下，会计最后回归到业务管理活动中，代表业务、会计、管理的重新融合，这意味着三者实现一体化。正所谓分久必合，会计最终必将融合回归管理实现升华。

参考文献

ADAMYK O，ADAMYK B，KHORUNZHAK N，2018. Auditing of the software of computer accounting system［J］.CEUR-WS（4）：251-262.

AYSEL G，2014.Role of technology in accounting and e-accounting［J］.Procedia – social and behavioral sciences，152：852-855.

FERNANDO B，ANTÓNIOT，2013. Accounting information systems： tradition and future directions［J］. Procedia technology，9：536-546.

David Foster Wallace-Commencement Speech at Kenyon College［EB/OL］.（2005-05-21）.https：//www.douban.com/note/335379233/?i=4439829A9OPVhH.

BOYCE G，1999.Computer-assisted teaching and learning in accounting： pedagogy or product? ［J］.Journal of accounting education ［J］.17（2‑3）：191-220.

GOOLD M D P，YOUNG D，2001.Rede-signing the corporate centre ［J］. European management journal［J］19（1）：83-91.

JIANG S C，2021.Research on big data audit based on financial sharing service model using fuzzy AHP［J］.Journal of intelligent & fuzzy systems，40（4）：8237-8246.

WANG L N，2011.Impact of information technology on accounting［EB/OL］. https：//doi.org/10.4028/www.scientific.net/AMR.219-220.1224.

MARTIN W，2011.Critical success factors of shared service projects-results of an empirical Study［J］.Advances in management，4（5）：21.

OWENS A，2013.Improving the performance of finance and accounting shared service centre［J］. Journal of payments strategy & systems，7（3）：250–261.

ISO/IEC Guide 2，2004. Standardization and related activities—General vocabulary ［J］.11：4–12.

MCINNES W M，PYPER D，VAN D M R，et al.1995.Computer–aided learning in accounting; educational and managerial perspectives［J］.Accounting education，4（4）319–334.

SEETHARAMAN A，SENTHILVELMURUGAN M， PERIYANAYAGAM R，2004.Anatomy of computer accounting frauds［J］.Managerial auditing journal，19（8）：1055–1072.

ZAINAL A H， RETNO W， SUMIADJI， 2020.Meaningful learning： improving students'accounting knowledge and skills through learning computer， accounting practice courses［C］.Proceedings of 2nd Annual Management， Business and Economic Conference（AMBEC）， https：//doi.org/10.2991/aebmr.k.210717.015.

WILL S， IAN H， 2013.Shared service centres and the role of the finance function：advancing the iron cage?［J］.Journal of accounting & organizational change，9（2）：4.

柏菊，赵林林，2018.内部控制概念研究述评：历史与逻辑统一视角［J］.财会月刊（7）：137–142.

曹立明，2013.实时会计与全息会计：信息化环境下未来会计信息系统展望[J].中国注册会计师（5）：117–121.

程社明，2007.你的船 你的海：职业生涯规划［M］.北京：新华出版社.

程芙蓉，2009.美英高校会计教育的重点及其启示［J］.湖北财经高等专科学校学报（1）：43–46.

程平，万家盛，2017.大数据下基于财务共享服务模式的 A 集团资金管理［J］.会计之友（6）：121–124.

陈耿，李婷婷，韩志耕，等，2019.会计信息系统六要素审计方法探究［J］.

财会通讯（16）：88-91.

陈虎,董皓,2008.财务共享服务中心的绩效管理及评估[J].财务与会计（22）：61-62.

陈利浩,1988.账户体系、核算形式与会计电算化［J］.会计研究（3）：37-41.

陈宋生,张永冀,刘宁悦,等,2013.云计算、会计信息化转型与IT治理：第十二届全国会计信息化年会综述［J］.会计研究（7）：93-95.

葛家澍,林志军,2011.现代西方会计理论［M］.3版.厦门：厦门大学出版社.

干胜道,瞿晓龙,2008.会计三重性与我国会计准则制定[J].现代管理科学（7）：8-9,14.

郭雪亭,1984.论电算化会计的记账方法［J］.会计研究（12）：41-45.

韩向东,余红燕,2018.智能财务的探索与实践［J］.财务与会计（9）：11-13.

何建章,1990.当代社会阶级结构和社会分层问题［M］.北京：中国社会科学出版社.

何瑛,周访,2013.我国企业集团实施财务共享服务的关键因素的实证研究［J］.会计研究（10）：59-66,97.

胡荣,2003.大学生对职业的评价及分析［J］.厦门大学学报（哲学社会科学版）（6）：121.

胡仁昱,刘勤,邱穆青,等,2021.从电算化到智能化的发展跨越：第二十届全国会计信息化学术年会主要观点综述［J］.会计研究（10）：190-192.

蒋永根,2008.会计信息化条件下提高会计人员素质途径探讨［J］.湖南科技学院学报（7）：149-150,176.

蒋楠,2012.浅议信息技术对会计信息质量特征的影响[J].中国注册会计师（2）：119-121.

李立成,刘勤,2019.数字经济背景下的财务创新：第十八届全国会计信息化学术年会主要观点综述［J］.会计研究（10）：95-97.

李守明，刘玲，1996.试析会计决策支持系统［J］.会计研究（12）：41-43.

李守武，2016.管理会计工具手册：第1册［M］.北京：中国财政经济出版社.

李闻一，朱媛媛，刘梅玲，2017.财务共享服务中心服务质量研究［J］.会计研究（4）.

李闻一，李栗，曹菁，等，2018.论智慧财务的概念框架和未来应用场景［J］.财会月刊（5）：40-43.

李闻一，于文杰，李菊花，2019.智能财务共享的选择、实现要素和路径［J］.会计之友（8）：115-121.

李闻一，刘勤，范文林，等，2020.智能财务赋能经济高质量发展：第十九届全国会计信息化学术年会主要观点综述［J］.会计研究（11）：187-189.

林崇德，杨治良，黄希庭，2003.心理学大辞典［M］.上海：上海教育出版社.

栾甫贵，2013.论会计教育理念［J］.会计研究（4）：20-25.

刘勤，2017.我国管理会计信息化发展体系探讨［J］.财会通讯（上）（8）：11-13.

刘勤，杨寅，2019.改革开放40年的中国会计信息化：回顾与展望［J］.会计研究（2）：26-34.

刘勤，2021.技术发展赋能会计变革［J］.会计之友（9）：8-13.

刘勤，常叶青，刘梅玲，等，2014.大智移云时代的会计信息化变革：第十三届全国会计信息化学术年会主要观点综述［J］.会计研究（12）：89-91.

刘明辉，2013.高级审计研究［M］.2版，大连：东北财经大学出版社.

美国管理会计师协会，2013.美国管理会计公告：第3辑［M］.刘霄仑，译.北京：人民邮电出版社.

刘梅玲，杨周南，2016.会计信息化标准体系构建的理论框架和方法学研究［J］.会计研究，（9）：3-10.

刘梅玲，黄虎，佟成生，等，2020.智能财务的基本框架与建设思路研究［J］.

会计研究（3）：179-192.

莲子，1992.电算会计的十大优势［J］.会计研究（1）：61.

路伟果，刘光军，彭韶兵，2020.数据挖掘技术对会计的影响及应对［J］.财
　　会月刊（上）（7）：68-74.

秦荣生，2013.云计算的发展及其对会计、审计的挑战［J］.当代财经（1）：
　　111-117.

秦荣生，2014.大数据、云计算技术对审计的影响研究［J］.审计研究（6）：
　　23-28.

秦荣生，2015.我国财务共享服务的发展趋势［J］.财会月刊（上）（7）：3-5.

秦荣生，2015.大数据思维与技术在会计工作中的应用研究［J］.会计与经济
　　研究（5）：3-10.

祁怀锦，1996.建立管理会计电算化系统初探［J］.会计研究（10）：36-37.

迈克尔·戴尔蒙德，2005.新形势下的会计教育、研究和实务［J］.会计研究（12）：
　　26-30.

毛元青，刘梅玲，2015."互联网+"时代的管理会计信息化探讨：第十四届全
　　国会计信息化学术年会主要观点综述［J］.会计研究（11）：90-92.

彭聃龄，2003.普通心理学［M］.北京：北京师范大学出版集团.

潘晓江，1983.电子计算机审计与数据可靠性控制：会计电算化之后现代审计
　　的对策（续）［J］.会计研究（5）：54-58.

孙玉甫，刘梅玲，2017."互联网+"时代的技术运用与会计转型升级：第十五
　　届全国会计信息化学术年会主要观点综述［J］.会计研究（2）：90-92.

田高良，陈虎，孙彦丛，等，2019."大智移云物"背景下的财务转型研究［J］.
　　财会月刊（20）：3-7.

唐清亮，1986.深入进行会计电算化的理论研究［J］.会计研究（4）：50-54.

唐勇，2015.财务共享服务下传统财务人员的转型［J］.财会月刊（7）：18-
　　21.

汤谷良，夏怡斐，2018.企业"业财融合"的理论框架与实操要领［J］.财务研究（2）：3-9.

王亚星，李心合，2020.重构"业财融合"的概念框架［J］.会计研究（7）：15-22.

王斌，2018.论业财融合［J］.财务研究（5）：3-9.

王蕙芸，1984.谈谈会计电算化系统［J］.会计研究（6）：48-50.

王运运，胡本源，2017.财务共享服务中心建设流程探究［J］.财会月刊（1）：34-37.

王章礼，2020.区块链技术对注册会计师执业影响研究［J］.中国注册会计师（8）：93-97.

王清刚，陈辉，2011.会计制度设计［M］.大连：东北财经大学出版社.

汪庆春，孟东方，2004.大学生职业评价与职业选择研究［J］.重庆大学学报（社会科学版），10（5）：136-139.

王海林，2008.IT环境下企业内部控制模式探讨［J］.会计研究（11）：63-68，97.

吴水澎，陈汉文，邵贤弟，2000.企业内部控制理论的发展与启示［J］.会计研究（5）：2-8.

无名，2017.中国会计学会第十六届全国会计信息化年会召开［J］.会计之友（8）.

无名，2018.中国会计学会第十七届全国会计信息化年会召开［J］.会计之友（8）.

无名，2004.中国会计学会第三届全国会计信息化年会暨杨纪琬教授创建会计电算化高等教育20周年纪念会在长沙召开［J］.会计之友（12）：1.

无名，2007.中国会计学会第六届全国会计信息化年会在重庆举办［J］.会计之友（6）.

无名，2008.中国会计学会第七届全国会计信息化年会在大连举办［J］.会计之友（上旬刊）（6）.

吴沁红，2005.第四届会计信息化年会综述［J］.会计研究（10）：91-93.

吴沁红，2006. 第五届会计信息化年会综述 ［J］. 会计研究（5）：86–89.

吴沁红，2009. 第八届全国会计信息化年会综述 ［J］. 会计研究（7）：86–88.

吴沁红，2010. 第九届全国会计信息化年会综述 ［J］. 会计研究（7）：91–94.

吴沁红，2011. 第十届全国会计信息化年会综述 ［J］. 会计研究（8）：92–94.

吴沁红，2012. 新一轮信息化浪潮下会计信息化：使命、挑战、展望：第十一届全国会计信息化年会综述 ［J］. 会计研究（10）：91–94.

许永斌，1996. 我国电算化会计信息系统模型改造的理论基础 ［J］. 会计研究（11）：37–39.

许永斌，2016. 会计信息系统 ［M］. 北京：科学出版社.

续慧泓，杨周南，周卫华，等，2021. 基于管理活动论的智能会计系统研究：从会计信息化到会计智能化 ［J］. 会计研究（3）：11–27.

亚湖，阿梅，1989. 会计人才知识结构问题刍议 ［J］. 会计研究（3）：53–56.

应里孟，郑煦平，2013. 信息技术对企业内部控制影响分析 ［J］. 财会通讯（综合版）（5）：270，272.

阎达五，张瑞君，2003. 会计控制新论：会计实时控制研究 ［J］. 会计研究（4）：3–8，65.

严绍业，1987. 会计电算化系统的内部控制方法和技术 ［J］. 会计研究（1）：33–38.

杨雄胜，2011. 内部控制范畴定义探索 ［J］. 会计研究（8）：46–52，96.

杨时展，1992. 会计信息系统说二评—反映论和控制论的论争 ［J］. 财会通讯（5）：13–16.

杨周南，刘梅玲，2011. 会计信息化标准体系构建研究 ［J］. 会计研究（6）：8–16，95.

杨周南，2005. 价值链会计管理信息化的变革 ［J］. 会计研究（11）：36–40.

杨周南，2003. 论会计管理信息化的 ISCA 模型 ［J］. 会计研究（10）：30–32，65.

杨有红，2000.二十一世纪的会计和会计教育［J］.会计研究（8）：46-50.

杨春华，2006.试论高校会计信息化课程体系的重构［J］.中国管理信息化，9
（4）：62-64.

周晓虹，1997.现代社会心理学［M］.上海：上海人民出版社.

中华人民共和国财政部，2014.企业会计准则：基本准则［S］.

中华人民共和国财政部，2016.管理会计基本指引［S］.

中华人民共和国财政部，2013.企业会计信息化工作规范［S］.

赵鹏飞，2013.构建以会计信息系统功能为中心的会计专业课程体系［J］.中
国管理信息化（2）：85-86.

赵鹏飞，2007.会计教学理念的嬗变与教学模式的改革［J］.中国乡镇企业会
计（11）：116-117.

赵鹏飞，2012.信息化对财会职业及其教育的挑战［J］.中国管理信息化（1）：
67-68.

赵鹏飞，许永斌，2010.现代会计教学理念及模式的变革：基于金融创新与信
息技术发展视角［J］.会计之友（1）：111-112.

赵鹏飞，2014.审计职业的信息技术能力及教学改革探讨［J］.中国管理信息
化（3）：13-15.

赵鹏飞，2023.未来的会计与未来的会计［J］.会计之友（5）：68-71.

郑石桥，2021.电子数据环境对审计学科的影响：一个理论框架［J］.财会通
讯（13）：3-9.

庄明来，魏立华，2005.会计信息化的两个理论问题［J］.财务与会计（3）：
50-51.

周卫华，2019.信息技术对会计理论与实务影响的演变与发展［J］.会计之友（5）：
120-124.

张瑞君，陈虎，张永冀，2010.企业集团财务共享服务的流程再造关键因素研究：

基于中兴通讯集团管理实践［J］.会计研究（7）：57-64.

张瑞君，张永冀，2008.构建财务共享服务模式的策略［J］.财务与会计（13）：60-61.

张力学，1984.实现会计电算化关于记账方法的选择［J］.会计研究（3）：53-58.

张柱中，1986.试论会计改革［J］.会计研究（2）：25-29.